西华大学研究生教改项目　编号：YJG2014002

基于终极控制权论的上市公司 股权分置改革和公司治理研究

JIYU ZHONGJI KONGZHIQUANLUN DE SHANGSHI GONGSI
GUQUAN FENZHI GAIGE HE GONGSI ZHILI YANJIU

黄 雷 著

西南财经大学出版社
Southwestern University of Finance & Economics Press

图书在版编目(CIP)数据

基于终极控制权论的上市公司股权分置改革和公司治理研究/黄雷著. —成
都:西南财经大学出版社,2015.2
ISBN 978 – 7 – 5504 – 1425 – 9

Ⅰ.①基…　Ⅱ.①黄…　Ⅲ.①上市公司—股权管理—研究—中国②上市公
司—企业管理—研究—中国　Ⅳ.①F279.246

中国版本图书馆 CIP 数据核字(2014)第 096857 号

基于终极控制权论的上市公司股权分置改革和公司治理研究
黄　雷　著

责任编辑:李　才
封面设计:张姗姗
责任印制:封俊川

出版发行	西南财经大学出版社(四川省成都市光华村街55号)
网　　址	http://www.bookcj.com
电子邮件	bookcj@foxmail.com
邮政编码	610074
电　　话	028 – 87353785　87352368
照　　排	四川胜翔数码印务设计有限公司
印　　刷	郫县犀浦印刷厂
成品尺寸	170mm × 240mm
印　　张	12
字　　数	220 千字
版　　次	2015 年 2 月第 1 版
印　　次	2015 年 2 月第 1 次印刷
书　　号	ISBN 978 – 7 – 5504 – 1425 – 9
定　　价	58.00 元

摘　要

　　由于特殊的历史原因，中国股市在成立之初就形成了非流通股和流通股两类股票同股不同价、同股不同权的股权分置现象，股权分置的存在与隐性终极控制权效应的负面应用是我国证券市场许多不规范行为的症结所在。股权分置导致上市公司控制股东与中小投资者的利益不一致，加上终极控制股东对公司的控制具有隐秘性和复杂性，为其关联交易、内幕交易、利润转移、掏空上市公司资产等不规范运作提供了许多的便利。股权分置的诸多弊端导致中国资本市场的发展严重滞后于经济水平的发展，并最终导致了股权分置改革的诞生。股权分置改革对上市公司控制股东的行为、上市公司自身的行为及其公司业绩和价值、投资者的利益、投资理念和行为都会产生根本性影响，因此，股权分置改革对中国证券市场的影响是长期而深远的。如何对股权分置改革过程中及股权分置改革后不同终极控制股东控制的上市公司的终极控制权结构、股权分置改革对价及其对公司价值和业绩的影响等问题进行理论和实证研究既是一个亟待解决的学术性课题，又是证券监管部门判别股权分置改革成效的一个实践性问题。本书的研究对于分析股权分置改革过程中控制股东和投资者的利益博弈，探讨股权分置改革对价对股权分置改革后上市公司业绩和公司价值，及其对中小投资者利益的保护状态，进而完善公司治理机制，促使上市公司注重长远发展和正常运作，具有重要的学术价值与现实意义。

　　本书以股权分置改革过程中和股权分置改革程序基本完成后的上市公司为研究对象，采取理论分析与实证研究相结合，以实证研究为主线的方法，运用企业治理理论、统计学、财务管理学等相关理论原理及方法对我国上市公司股权分置改革过程中的对价支付数量、类型的影响因素及对价支付数量、控制股东类型对股权分置改革后上市公司的业绩、价值和股利分配等展开研究，主要研究内容如下：

　　（1）针对中国上市公司股权结构传统分类方法的不足，结合中国证券市场的实际情况，对股权分置改革后中国上市公司的终极控制权和控制方式进行分类，并绘制出上市公司终极控制权结构图谱，在此基础上与股权分置改革前进行比较分析；

（2）股权分置改革能否顺利进行主要取决于非流通股股东与流通股股东之间就对价支付的方式和数量能否达成一致，为此，本书研究了股权分置改革过程中对价支付类型和数量的影响因素；

（3）对上市公司终极控制股东类型、股权分置改革对价支付与上市公司绩效之间的关系进行了研究；

（4）分析了股权分置改革后上市公司现金股利分配政策及其影响因素。

关键词：公司治理；股权分置改革；隐性终极控制权；对价

Abstract

Because of especial history, there is a phenomenon of the split-share structure in the Chinese capital market. The split-share structure and implicit ultimate control rights are the important reason of irregularity behavior in Chinese capital market. The split-share structure results in the different benefits between controlling shareholders and minority investors in the listed companies. Because of the secrete character and complexity about ultimate control rights, the ultimate control rights give many advantages to ultimate controlling shareholders to relating exchange, low-down exchange, benefits diversion, expropriate assets of listed companies and so on. The shortcoming of split-share structure resulted in development of the Chinese capital market lagged the development of economy and the split-share structure reform. The split-share structure reform brings fundamental effects to the behavior of ultimate controlling shareholders in the listed companies, the behavior of the listed companies themselves, corporate value, benefits of the investors, ideas and behavior of the investors. Therefore, the Chinese capital market will be influenced by the split-share structure reform during a long time.

This article regards the listed companies in the split-share structure reform process and procedure fulfilled as the research object, combined with criterion study and empirical research method, taking empirical research as the thread, and uses such relevant theories and methods as corporate governance theory, statistics, accounting, financial engineering, etc. to carry on research to the number and type of consideration, the relationship of type of ultimate controlling shareholders and corporate value and dividend. The main research contents are as follows:

(1) Directly against the deficiency of the traditional categorized method of the ownership structure of the Chinese listed companies, the article combines the actual

conditions of the Chinese securities market, classifies ultimate control right and control method of the the Chinese listed companies, and draws out the ultimate control right structure atlas of the listed companies.

(2) Whether the split-share structure reform can go on favorably depends mainly on whether non-circulation stock shareholders and circulation stock shareholders can reach an agreement or not. So, this article studies the type and quantitative of consideration in the split-share structure reform.

(3) To study the relationship of the type of ultimate controlling shareholders, the type and quantitative of consideration and corporate performance in the listed companies.

(4) To analyze the policy of cash dividend and influence factor after the split-share structure reform.

Key Words: Corporate Governance, Split-Share Structure Reform, Implicit Ultimate Control Rights, Consideration

目　录

第 1 章 绪论

1.1 研究问题的提出

由于特殊的历史原因，中国股市在成立之初就形成了非流通股和流通股两类股票同股不同价、同股不同权的股权分置现象。非流通股是上市公司股票公开发行前的股东所持有的股份，只能通过协议等方式进行转让，不能上市交易；流通股是社会公众购买的公开发行股票，可在证券交易所挂牌交易。流通股和非流通股的持有成本差别巨大。出现股权分置状态的原因在于中国资本市场的出现并不是一个自然演进的进程，而是作为改革开放的象征并解决国有企业融资问题，由政府主导和推进的一个强制性的制度变迁结果。随着时间的推移，股权分置带来了一系列的严重后果，特别是随着资本市场的迅速发展，投资主体多元化的逐步形成，股权分置这样的制度安排的弊端和矛盾也逐渐暴露出来，使资本市场的融资功能和优化资源配置功能以及价值发现功能大大弱化，后来甚至被认为是影响证券市场健康发展一系列问题的根源，到了不得不彻底解决的地步。至 2004 年年底，我国沪深两个交易所共有上市公司 1 358 户（不含纯 B 股公司），总股本 7 149 亿股，其中非流通股 4 543 亿股，占总股本的 64%，社会流通股 2 606 亿股，占总股本的 36%，分散在 7 000 万投资者手中。在非流通股中，国有股共 3 362 亿股，占非流通股的 74%，占总股本的 47%。由于股权分置，我国 A 股市场上有三分之二的股权不能流通，这其中很大部分是国有股，使得股价不能真实反映上市公司的价值。

为了彻底解决这一历史遗留问题，政府和证券监管当局最初提出的方案是国有股减持，社会各界提出的国有股减持方案至少有上百种。但是，由于国有股减持的提法让投资者误认为是进一步为国有上市公司"圈钱"，从而使中小投资者利益受损，因此在几年的讨论过程中一直被认为是对资本市场的重大利空消息，再加上其他一些原因，几年的争论最终没有结果。针对我国资本市场存在的这一难点和热点问题，党中央、国务院于 2004 年下发《关于推进资本市场改革开放和稳定发展的若干意见》，要求积极稳妥解决股权分置问题。2005 年 4 月 29 日，中国证监会发出《关于上市公司股权分置改革试点有关问题的通知》，紧接着，沪深证券交易所又发布《上市公司股权分置改革试点业务操作指引》。随即，首批参加股权分置改革试点的四家上市公司先后公布了试点改革方案。这标志着对困扰中国资本市场多年的股权分置问题的解决拉开了序幕。

目前，股权分置改革从形式上看已基本完成。但是，股权分置改革过程中的对价支付是否合理，承诺如何严格执行，股权分置改革完成后的公司业绩和公司价值、投资者保护、公司治理状况的改善等诸多问题亟待我们去研究和分析。在这些问题中，上市公司终极控制股东在其中的角色和表现尤为引人关注。

1.2　选题的目的和意义

在国有企业上市融资时出于"国有股的内在价值难以计量导致人们认为国有股出售时可能存在国有资产流失，同时，国有股的出售也会导致国有资本对上市公司控制权乃至对整个国民经济控制力的削弱及考虑市场扩容对投资者心理的影响"（苏梅，寇纪淞，陈富赞，2006）以致股权分置产生，资本市场的发展促使分置改革的进行。我国上市公司的股权分置改革在 2007 年年底已经基本完成，全流通使得终极控制权和上市公司的研究又出现了许多新的研究内容。如何对股权分置改革后上市公司的终极控制权结构和公司治理问题进行理论和实证研究既是一个亟待解决的学术性课题，又是证券监管部门判别股权分置改革成效的一个实践性问题。

自 1999 年拉·珀塔（La Porta）等人（1999）首次提出终极控制权（ultimate control）的概念后，对终极控制权的相关研究成为近年来国外研究的热点问题。终极控制权是指股权控制链条（control chains）的最终控制者通过直接和（或）间接持有公司股份而对公司拥有的实际控制权。我们认为终极控制权可分为两种类型：一是显性终极控制权（explicit ultimate control）——第一大股东没有通过多层结构而直接具有对上市公司的实际控制权；二是隐性终极控制权（implicit ultimate control）——最终控制者通过采用金字塔结构

（pyramid structures）和（或）交叉持股（cross holding）等方式而具有的实际控制权。隐性终极控制股东（ultimate controlling shareholders）对公司的控制具有隐秘性和复杂性，为其关联交易、内幕交易、利润转移、掏空上市公司等不规范运作提供了许多的便利（Denis and McConnell，2003）。另外，通过隐性控制这种终极控股方式还可使控制权（control）和现金流量权（cash-flow rights）产生偏离，使其可以用较小的股份来达到实际控制公司的目的，从而获得同股不同权（deviations from the one-share-one-vote），小股有大权的效应。在我国证券市场上上市公司存在的许多不规范问题，很大程度上都是隐性终极控制权效应及其负面应用的反映，即由于终极控制权存在的隐秘性，加之法制建设严重滞后，以致拥有终极控制权的股东会尽一切手段去最大化自身利益。

我们认为，国内以往对控制权的有关研究对具有显性终极控制权的上市公司有一定的价值，但对于隐性终极控制权的上市公司，其理论解释和应用价值就存在一定的缺陷。由于具有隐性终极控制权的这类公司在中国证券市场上所占比例很大，因此现有研究成果在一定程度上难以揭示和解释中国证券市场上因控制权而产生的许多问题。虽然有关终极控制权的研究在近几年也开始出现，但由于起步晚，加之中国证券市场的特殊性，以致研究的难度更大，特别是有关隐性终极控制权研究成果还不多见。在股权分置改革完成后，不同类型终极控制股东控股的上市公司的治理结构和公司业绩是否会有显著的改善和差异，投资者利益是否有更好的保护，证券市场的发展是否有明显的进步等这些涉及股权分置改革成效的问题都亟须进行深入的理论研究和实证分析。

1.3 相关概念

1.3.1 公司治理

20世纪80年代在国外的文献中开始出现公司治理（corporate governance）这个概念。在随后的几十年中，公司治理及其相关问题逐渐成为理论界和实务界的研究热点和难点。Berle 和 Means（1932）在《现代公司和私人产权》中提出，现代公司的所有权与控制权实现了分离，控制权由所有者转移到管理者手中，从而导致所有者和管理者之间的委托代理问题。Baumol 等（1959）通过建立模型，分别从不同角度揭示了掌握控制权的管理者与拥有所有权的股东间的利益差异，从而提出现代公司制企业应该构建激励约束机制，以使管理者更好地为股东利益服务。Chandler（1977）通过案例分析，进一步描述了现代公司两权分离的历史演变过程。

所有权与控制权的分离，以及由此产生的委托代理关系，是公司治理研究领域最初试图解决的核心问题。Collin Mayer（1995）在《市场经济和过渡经济的企业治理机制》一文中，指出公司治理的需求随市场经济中现代股份公司所有权与控制权相分离而产生。

传统的公司治理定义是指保护股东的利益。由于代理人与委托人的目标不同，一般认为管理者有可能采取有损股东利益的行为，因此需要建立一系列制度来解决这一问题。而所有权与控制权分离所导致的股东与管理者的冲突，成为企业的权利核心，董事会成为斗争的焦点。因此，狭义的公司治理也被定义为董事会的功能、结构、股权的权利等方面的制度安排。可以看到，传统的公司治理奉行的是"股东主权"治理论，认为物质资本投入者应该独享企业剩余索取权与剩余控制权，关注的是股东利益保护，因而股东具有绝对主导地位（Fama 和 Jensen，1983；Shleifer 和 Vishny，1997）。

但随着对公司治理的进一步研究，公司治理的定义也越来越广泛，学者们也提出了不同的观点。

Cochran 和 Wartick（1988）在其发表的《公司治理——文献回顾》中提出，公司治理问题包括在高级管理层、股东、董事会和其他的利益相关者的相关作用中产生的具体问题。构成公司治理问题的核心是：①谁从公司决策、高级管理层的行动中受益；②谁应该从公司决策、高级管理层的行动中受益，当在"是什么"和"应该是什么"之间存在不一致时，公司治理的问题就会出现。

钱颖一（1995）则认为，公司治理是一套制度的安排，用以支配若干在公司中有重大利害关系的团体，即投资者（股东和贷款人）、经理人、职工间的关系，并从中实现经济利益。这种结构包括如何配置和行驶控制权，如何监督和评价董事会、经理人、职工，如何实践和实施激励机制，通过良好的公司治理结构降低代理成本。

林毅夫、蔡昉和李周（1997）认为，所谓公司治理是指所有者对一个企业的经营管理和绩效进行监督和控制。

费方域（1998）在其《企业的产权分析》一文中提出公司治理概念应该是一个知识体系。他认为，公司治理的本质是一种关系合同，以简约的方式协调公司各利益相关者的关系，规范他们之间的交易，以发挥公司节约交易成本的优势。公司治理的起因在产权分离，其形式多种多样，功能则是配置权、责、利。

Sheifer 和 Vishny（1986）认为公司治理要处理的是公司资金的提供者确保自己可以获得投资回报的途径问题。Blair（1995）将公司治理归纳为一种法律、文化和制度性安排的有机整合。

可见，公司治理可以从不同角度来理解，是一个内涵丰富的概念。随着公司治理研究的不断深入，还可能对其赋予新的含义。

自 Berle 和 Means（1932）提出公司治理的概念以来，国内外的学者从不同角度对公司治理理论进行了研究，其中具有代表性的是超产权理论、两权分离理论、委托代理理论和利益相关者理论，它们构成了公司治理结构的主要理论基础。周亮（2009）通过整理从下面四个方面进行了深入的介绍。

1. 超产权理论

超产权理论是在 20 世纪 90 年代以后兴起的一种治理理论，是产权理论经过实证解释和逻辑演绎的结果。该理论认为，企业产权改革、利润激励只有在市场竞争的前提下才能发挥其刺激经营者增加努力和投入的作用。要使企业完善自身治理机制，基本动力是引入竞争，变动产权只是改变机制的一种手段。该理论的基本观点有：

产权改革并不能保证公司治理结构就一定变得有效率，竞争才是保障治理结构改善的根本条件。英国经济学家马丁和帕克经过实证研究后发现，在竞争比较充分的市场上，企业产权改革后的平均效益有显著的提高，而在垄断市场上并没有明显提高；相反，一些未私有化的国有企业由于引入内部竞争机制而走出困境的事例也有很多。澳大利亚经济学教授泰腾朗的研究结论也与此相似。因此，他们认为，企业效益主要与市场结构即市场竞争程度有关，因而企业通过产权改革等措施改善自身的治理结构还不够，重要的是要引入竞争性的动力机制。

对经营者的利润激励与企业绩效的提高并不总是正相关，只有在市场竞争的前提下才是如此。在没有或不完全竞争的市场上，经营者完全可以通过人为抬价来"坐收地租"式地增加自己的利润收益，而不会努力地增加自己的投入，这种情形只有在市场存在较充分的竞争时才会改变。此外，现代企业的经营者不但受剩余索取权的激励，同时还要受剩余控制权收益的激励。控制权收益越高，经营者就越重视他的控制权，这种控制权收益激励同样随市场竞争程度加大而发挥更大的作用。

超产权论作为公司治理理论的新兴分支，为公司治理提供了新的理论基础。它通过引入市场竞争概念，诠释了国际上部分国有企业特别是国有控股公司成功的经验，同时，也给健全和完善公司治理结构以新的启示：只有健全和完善市场体系，并通过积极而主动地参与市场竞争，才能建立起有效的公司治理结构，确保多方利益得以有效实现。

2. 两权分离理论

两权分离理论即公司所有权与控制权分离理论，它是随着股份公司的产生而产生的。该理论的代表人物是贝利、米恩斯和钱德勒等。贝利和米恩斯在1932年出版的《现代公司与私有产权》一书中，对美国200家大公司进行了分析，发现在这些大公司中有相当比例的公司是由并未握有公司股权的高级管理人员控制的。由此得出结论：现代公司已经发生了"所有与控制的分离"，公司实际已由职业经理组成的"控制者集团"所控制。钱德勒认为，股权分散的加剧和管理的专业化，使得拥有专门管理知识并垄断了专门经营信息的经理实际上掌握了对企业的控制权，导致两权分离。

3. 委托代理理论

所有权与控制权分离所带来的最直接问题，是作为失去控制权的所有者如何监督制约拥有控制权的经营者，以实现所有者利益最大化为目标去进行经营决策，而不是滥用经营决策权，这同时也是委托代理理论所要解决的核心问题。委托代理理论是公司治理理论的重要组成部分，该理论将在两权分离的公司制度下所有者（委托人）和经营者（代理人）双方关系的特点归结为：经济利益不完全一致，承担的风险大小不对等，公司经营状况和资金运用的信息不对称。经营者负责公司的日常经营，拥有绝对的信息优势，为追求自身利益的最大化，其行为很可能与所有者和公司的利益不一致，甚至于侵害所有者和公司的利益，从而诱发风险。为了规避这一风险，确保资本安全和最大的投资回报，就要引入公司治理这一机制，实现对经营者的激励和监督。

委托代理理论的基本思想是：公司股东是公司的所有者，即委托代理理论中所指的委托人，经营者是代理人。代理人是自利的经济人，具有不同于公司所有者的利益诉求，具有机会主义的行为倾向。所以，公司治理的核心问题就是解决代理风险问题，即如何使代理人忠实履行义务。具体地说，就是如何建立起有效的激励和约束机制，督促经营者为所有者（股东）的利益最大化服务。

4. 利益相关者理论

利益相关者是近几年出现的有关公司治理新内涵的新概念，广义上指所有与公司产生利益关系、与公司发生双向影响的自然人或者法人机构，如股东、债权人、员工、顾客、供应商、零售商、社区及政府等个人和团体。该理论认为，公司的目的不能局限于股东利润最大化，而应同时考虑其他利益相关者，包括员工、债权人、供应商、用户、所在社区及经营者的利益，企业各种利益相关者共同利益的最大化才应当是现代公司的经营目标，也才能充分体现公司作为一个经济组织存在的价值。因此，有效的公司治理结构应当能够向这些利益相关者提供与其利益关联程度相匹配的权利、责任和义务。

1.3.2　股权分置改革

股权分置改革，指在 A 股市场上市的公司，其股份按照是否能在证券交易所上市交易被区分为非流通股和流通股。我国股票市场是在特定的时期和背景下，伴随国有企业改革的发展而出现。股权分置改革主要经历了以下几个进程：

2004 年 1 月 30 日，随着"国九条"即《国务院关于推进资本市场改革开放和稳定发展的若干意见》的颁布，提出了"积极稳妥解决股权分置问题"，稳步解决了上市公司股份中还不能成为上市流通股份的问题。

2005 年 4 月 12 日，证监会表明，解决股权分置的时机已经成熟。2005 年 4 月 29 日，我国股权分置改革随着中国证监会发布《关于上市公司股权分置改革试点有关问题的通知》正式拉开序幕。同年 5 月 9 日，公布了包括金牛能源、三一重工等在内的作为第一批试点企业的四家企业的名单，并同上海、深圳证券交易所联合颁布了《上市公司股权分置改革试点业务操作指引》。随着工作的不断推进，5 月 30 日，《关于做好股权分置改革试点工作的意见》颁布，对股权分置改革问题予以明确。

第二批改革试点工作伴随 2005 年 6 月 1 日《关于做好第二批上市公司股权分置改革试点工作有关问题的通知》的颁发而展开，40 家公司先后通过了股东大会的审议。随后，证监会、财政部联合国税总局也通过文件的下发，针对股权分置中的税收政策问题制定了免征印花税、免征流通股股东所应缴纳的企业所得税和个人所得税的优惠政策。

股权分置改革试点工作于 2005 年 8 月下旬顺利完成。改革试点得到了资本市场的认可，也具备了推进改革的基础和条件。《上市公司股权分置改革管理办法》《上市公司股权分置改革业务操作指引》《关于上市公司股权分置改革中国有股股权管理有关问题的通知》三个文件分别于 2005 年 9 月 5 日、7 日、10 日颁布，而后，我国上市公司股权分置改革也从 2005 年 9 月 12 日全面开启（表1-1）。

表 1-1   股权分置改革相关政策法规

序号	制度颁布时间	制度发布单位	制度名称
1	2005 年 6 月 17 日	国务院国有资产监督管理委员会	《国务院国资委关于国有控股上市公司股权分置改革的指导意见》
2	2005 年 8 月 23 日	证监会、国资委、财政部、中国人民银行、商务部	《上市公司股权分置改革的指导意见》
3	2005 年 9 月 6 日	上交所、深交所、中国证券登记结算有限责任公司	《上市公司股权分置改革业务操作指引》
4	2005 年 9 月 4 日	证监会	《上市公司股权分置改革管理办法》
5	2005 年 9 月 6 日	上交所	《上市公司股权分置改革说明书格式指引》
6	2005 年 9 月 6 日	上交所	《上市公司股权分置改革保荐工作指引》
7	2005 年 9 月 17 日	国资委办公厅	《上市公司股权分置改革中国有股股权管理审核程序有关事项的通知》
8	2005 年 11 月 9 日	深交所	《深圳证券交易所股权分置改革承诺事项管理指引》

1.3.3 终极控制权

1. 终极控制权

终极控制权指公司控制权中终极控股股东所拥有的，即股权控制链的最顶端，可分为显性终极控制权和隐性终极控制权。其中，显性控制权指上市公司第一大股东通过多层控股结构获取的实际控制权；而隐性控制权则是实际控制人通过金字塔结构或交叉持股形式所获取的实际控制权。

2. 终极控制人

终极控制人即终极控股股东。La Porta 等（1999）首次提出了这个概念，他们首次通过层层追溯，透过所有权关系链条探寻谁拥有最多和最终的所有权，通过直接或间接的持股方式获取对公司的实际控制权。终极控制人一般可分为三类：家族、特殊法人和政府。

3. 现金流量权

现金流量权，即控制股东最终投入到公司的现金流比例。在研究中通常使用股东对公司的每一条控制链的持股比例乘积所得。

4. 两权分离

两权分离，指终极控制权和现金流权的分离。现代公司制下，现代公司的建立也意味着经营权和所有权的分离，股东通过所持有的股份从上市公司的经营成果中获利，而经理人却掌握着公司的经营权。随着终极控制权的出现，终极控股股东通过金字塔持股方式或交叉持股等方式持有上市公司的股份，使其所拥有的现金流权和投票权出现了严重分离。

1.4　相关理论

1.4.1　资本结构相关理论

现有研究认为，资本结构，是指长期债券资本和权益资本（股本）的构成比例。该比例的高低，通过综合资本成本的变化，直接影响企业价值的高低。由于长期债务成本通常都低于普通股成本，因此，从表面上看，似乎债务资本比重越高，对提高企业价值越有利，但事实并非如此。为此，主流的资本结构理论研究的主要问题包括：①债务成本代替权益资本是否能提高公司价值；②如果提高债务资本在资本结构中的比重能增加企业价值，那么债务资本比重是否存在限度，限度如何确定。

1. 早期的朴素资本结构理论（Naïve Capital Structure Theory）

Durand（1952）首次提出了资本结构理论思想，认为优化配置资本结构的意义在于使公司综合资本成本最低，企业价值达到最大。具体而言：①在各种筹资方式中，由于避税效应，债务资本成本要低于权益资本成本；②在资本结构中，公司负债比率的变化，不影响债务资本成本和权益资本成本；③基于上述两点，公司综合资本成本将随着负债比率提高而下降，即企业价值将随着负债比率的提高而上升。

但该理论只是在一定的假定下进行抽象分析，实用价值不大。

2. 传统资本结构理论（The Traditional Theory）

20 世纪 50 年代，学者们采用介于"净收益方式"和"净经营收益方式"之间的思路，致力于构建资本结构模型，建立了传统资本结构理论模型。传统资本结构理论认为：

（1）适度负债并不会明显地增加公司的财务风险，所以在一定的负债比率范围内，债务资本成本保持相对稳定。但负债比率超过一定程度，必将导致财务风险的增加，从而推动债务资本成本上升。

（2）在适度负债范围内，由于财务杠杆的作用，负债经营会增加股东的每股收益率，使股票市价上升，企业价值得到提高，从而增强股东的投资信心，加大投资，减少股利分配，使权益资本成本下降。但当负债比率超过一定程度，公司财务风险增加，财务状况相对恶化，使股票市价下跌时，股东为维护自身利益，要求更高的报酬率以减少风险损失，从而导致权益资本成本上升。

（3）基于上述两点，随着负债比率的增加，在适度负债范围之内，综合资本成本呈递减趋势下降，企业价值呈递增趋势上升。达到负债比率的某一点后，负债超过了适度的范围，综合资本成本将随负债比率增加而呈递增趋势上升，企业价值呈递减趋势下降。

传统资本结构理论已经认识到财务风险的作用，摒弃了早期的朴素资本结构理论中对资本成本不变或企业价值不变的假定，更符合现实经济生活中资本成本与企业价值之间的关系（图1-1）。

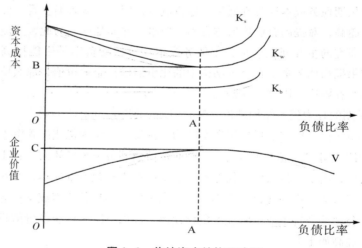

图 1-1 传统资本结构理论图

3. 现代资本结构理论——MM 理论

现代资本结构理论的产生是以 MM 理论（The Modiligliani-Miller Theory）的提出为标志的。MM 理论由美国著名经济学家 Modiligliani 和 Miller（1958）提出。该理论的建立基于以下五个假设：

（1）所有公司的股票和债券都在完全资本市场中完成交易；

（2）公司的经营风险可以用 EBIT（息税前利润）的标准差衡量，经营风险相同的公司处于同一风险等级上，视为同类风险公司；

（3）公司未来的 EBIT 能被投资者合理评估，即投资者对公司未来的 EBIT 以及取得 EBIT 的风险有同样的预期；

（4）所有的公司债券都是无风险的，因此负债利率为无风险利率；

（5）公司所有的现金流量都是固定的永续年金，即公司未来的 EBIT 在投资者预期满意的基础上保持零增长。

根据 MM 理论的发展状况及特征，可将其分为最初的 MM 理论、修正的 MM 理论和米勒模型三阶段。

最初的 MM 理论，即为无公司税的 MM 模型，发表于 1958 年 6 月《美国经济评论》。该理论认为，由于资本市场上套利机制的作用，在前述 5 个假设和不考虑所得税的前提下，企业总价值将不受资本结构变动的影响，即公司在风险相同而只有资本结构不同时，其企业价值相等。

当考虑公司所得税因素时，Modiligliani 和 Miller 修正了原来的资本结构理论，建立了有公司税的 MM 模型。该理论认为，由于负债的避税作用所产生的财务杠杆效应，公司可以通过这种作用降低综合资本成本，从而提高公司的价值；负债越多，财务杠杆的作用越明显，公司价值越大。

尽管修正的 MM 模型充分考虑了公司所得税因素，但忽略了个人所得税的影响。1976 年，Miller 发表了改进的资本结构理论，将公司所得税、个人所得税因素同时考虑，对修正的 MM 理论进行了校正。该理论的思想是，修正的 MM 理论过高地估计了负债经营对企业价值的作用。实际上，个人所得税在某种程度上抵减了负债利息的减税利息。

MM 理论的三个发展阶段所建立的企业价值模型是相互联系的，方法和结论没有发生根本性改变，区别仅在于对所得税因素的考虑。值得注意的是，MM 理论的各个命题都是基于严格的假设推演而得，但现实中这些假设可能无法全部同时满足，这样 MM 理论的命题及结论就与实际情况不符，从而失去现实指导意义。因此，学者们也对 MM 理论提出了质疑。如：MM 理论过分依赖于资本市场的均衡性和市场信息的可靠性与有效性；只考虑了经营风险，没考虑财务风险的作用。尽管如此，MM 理论是运用数理逻辑方法严密论证得出，许多学者也认为，其在方法论方面的意义远比其结论更为重要。

4. 新资本结构理论

20 世纪 70 年代后期，新财务理论开始向以 MM 理论为代表的现代资本结构理论发起挑战。在资本结构理论研究领域，Myers 和 Majluf（1984）提出的新优序融资理论（The Pecking Order Theory）受到学者的广泛关注。

新优序融资理论的两个基本思想分别是：①企业偏好内部融资；②企业如果需要外部融资，则偏好债务融资甚于股票融资。围绕这两个思想，Myers 和 Majluf 构建了在信息不对称下市场投资者合理预期的均衡条件理论模型。新优序融资理论内容包括以下几点：

（1）由于信息不对称只与外部融资有关，为避免公司发行的股票价值被市场低估，企业偏好内部融资甚于外部融资。

（2）在企业股利政策"既定"，不受融资决策影响的情况下，发放现金股利会减少内部融资的来源，即使短期变更股利政策也无法从内部解决融资所需的现金流量问题，因而，净现金需求变动只表现为外部融资的变动。

（3）如果企业投资项目需要外部融资，企业首选最安全的证券即债券。随着企业对外部融资需求的增加，优序融资的顺序依次为：从较安全的债务到较有风险的债务，再到可转换证券或优先股，最后才是普通股。

（4）企业的负债比率反映了其对外部融资的积累需求。

1.4.2　股利政策相关理论

1. "一鸟在手"论

"一鸟在手"论也称为风险偏好理论，于 1959 年由 Gordon 提出。该理论认为，股利收入比股票价格上涨产生的资本利得收益更为稳定可靠。股利收入现实可得，而股票价格的升降并不完全由公司决定，具有很大的不确定性，资本利得收益的风险远远高于股利收入的风险。如果把将来较高的资本收益和较高的股利比喻为"双鸟在林"，把现在就支付的较高股利比喻为"一鸟在手"，那么"双鸟在林，不如一鸟在手"。该理论的核心是股利政策将对股票价格或公司价值产生实际的影响，强调股利发放的重要性。

2. 税差理论

Farrar 和 Selwyn（1967）首次提出了税差理论。与"一鸟在手"论相反，该理论认为，由于资本利得的个人税率要比股利收入的税率低一些，这使得企业保留盈余对投资者有利。另外，资本利得税要递延到股票真正售出的时候才发生，实际上是在企业保留盈余而不支付股利的时候，给了股东一个有价值的时机选择权。因此，该理论认为，由于股利的税率高于资本收益的税率，继续持有股票可以延缓资本收益的获得而推迟资本收益纳税的时间。即使资本收益和股利收入的税率相同，这种递延特性依然存在。考虑到纳税的影响，投资者对具有较高收益的股票要求的税前权益要高于低股利收益的股票。为此公司应当采取低股利政策，以实现其资本成本最小化和价值最大化。

3. 追随者理论

追随者理论，又叫顾客效应理论。该理论认为投资者进行股票投资的目的与偏好是不同的——有的投资者希望股利支付比率高一些，而有的投资者则希望股利支付比率低一些。如果公司改变股利政策，则会丧失部分固有的股东，造成股价下跌；同时也会吸引另一些喜爱新股利政策的股东加入。因此，该理论强调，公司应当根据本公司股东的具体目的和偏好以及公司的投资进行股利决策，而不应强求一致。

4. 信号传递理论

MM 的股利无关论假定投资者与公司管理当局拥有相同的信息，他们之间不存在信息不对称。但现实并非如此，Bhattacharya（1979）提出，股利传递了不能用其他方式传递的公司价值信息。股利提高，表明公司未来创造现金的能力增强，会使该公司股票备受投资者青睐，从而使得该公司股票价格或公司价值上升；股利降低，可能意味着公司经营出了问题，会促使投资者抛售该公司股票，从而使得该公司股票价格或公司价值下降。

5. 代理理论

公司管理层与股东的目标不一致导致二者之间存在委托代理问题（Jensen 和 Meckling，1976），股东们需设计一些措施来监督、控制管理层。该股利政策可以起到控制管理层从而降低代理成本的作用。该理论认为，较多地派发现金股利至少具有以下好处：①公司管理者要将公司的很大一部分盈利返还给投资者，可操纵的现金流就相应减少了；②较多地派发现金股利，可能迫使公司重返资本市场进行新的融资，如再次发行股票。这些均有助于缓解代理问题，并降低代理成本。

1.5　研究方法、研究内容

1.5.1　研究方法

本课题基于"隐性终极控制权"和股权分置改革后上市公司股份部分可流通的前提条件，以理论描述、统计分析为基本手段，运用企业治理理论、统计学、会计学等相关理论原理及方法进行分析研究，力图在规范和制度层面系统反映我国上市公司隐性终极控制权结构及其治理效应，并运用实证研究方法验证股权分置改革的成效，进一步推进上市公司治理结构的完善，以使本课题的研究结果既具有创新性，又具有较强的可操作性和实际运用价值。本课题的研究原始数据全部来源于上市公司公开发布的正式公告和深圳国泰安、上海万得资讯、CCER 等在金融、证券实证研究领域得到广泛使用的权威数据库。

1.5.2 研究内容

上市公司隐性终极控制权及政府控股上市公司治理问题是在国内资本市场上一个重要的研究课题。隐性终极控制权配置效率、终极控制链条的结构复杂度和路径清晰度等因素，直接影响到政府控股上市公司的治理结构、长远发展及其效益、公司价值和中小股东的利益保障等方面。本课题拟以完成股权分置改革的上市公司为研究对象，对我国不同类型股东控股的上市公司隐性终极控制权的构成及其公司治理状况进行深入研究。本课题主要研究内容如下：

（1）针对中国上市公司股权结构传统分类方法的不足，结合中国证券市场的实际情况，对股权分置改革后中国上市公司的终极控制权和控制方式进行分类，并绘制出上市公司终极控制权结构图谱，在此基础上与股权分置改革前的情况进行了比较分析。

（2）股权分置改革能否顺利进行取决于非流通股股东与流通股股东之间就对价支付的方式和数量能否达成一致，为此，本书对股权分置改革过程中对价支付类型和数量的影响因素进行了研究。

（3）对上市公司终极控制股东类型、股权分置改革对价支付与上市公司绩效之间的关系进行了研究。

（4）分析了股权分置改革后上市公司现金股利分配政策及其影响因素，进而验证了股权分置改革的成效。

第 2 章　我国上市公司股权分置及股权分置改革概述

2.1　股权分置简介

上市公司股权分置（以下简称"股权分置"），是指 A 股市场的上市公司股份按能否在证券交易所上市交易被区分为非流通股和流通股，这是我国经济体制转轨过程中形成的特殊问题（中国证监会，2005）。从该定义可以看出，股权分置问题仅仅涉及我国资本市场中的 A 股市场，与上市公司中的其他股份，如 B 股、H 股等均无关。

股权分置与我国国有企业的股份制改革紧密相关。在国有企业改革的早期，为了调动企业经营者的积极性，我国先后采用了利润挂钩、利润包干、承包制等措施，由于承包制对承包人和企业的软预算约束和短期化行为，其实施效果并不是很好。随后推出的国有企业股份制改革试点，通常采用了增量发行股份的办法，即将国有企业原有的净资产（或者通过评估后的净资产）折算成一定的国有股份后，再增量发行一部分股权，增量发行的股份即为社会公众股，可以在交易所自由流通和交易，而国有资产折股后形成的那部分股份就转变为非流通股，不能在交易所上市交易，但可以协议转让。《股份公司规范意见》等相关文件明确规定，在我国的证券市场中，同时存在着四种不同类型的股份，分别为社会公众股、外资股、法人股和国家股。上述股份类型中，社会公众股可以自由流通，而法人股与国家股暂时不能在交易所上市交易。1993年发布的《股份发行与交易管理暂行条例》明确规定，非经国家有关部分的批准，国家拥有的股份不能转让。同时上市公司必须在招股说明书或上市报告书中明确承诺：上市公司必须遵守相关法律、法规；上市公司公开发行以前，股东持有的股份暂时不能流通交易。在我国证券市场的发展过程中，上述制度安排被延续并且定格下来，便逐渐形成了我国股票市场特有的二元对立结构。改革之初之所以提出政府持有的国有股份不能流通，主要原因有两个：①由于国有企业发起人的那部分股票不是公开发行的，所以就没有登记过户到股票交易系统，当然就不能上市流通；②在股份制改革的初期，为了确保国有企业上市后国家依旧保持对国有企业的控股地位、国有资产不因企业上市流通而流失，因此作出了国有股份暂不上市流通的制度安排。也就是这一个"暂"字，为今天的股权分置改革留下了法律依据和制度上的空间。

综上所述，可以看出，股权分置制度的产生是特殊历史时期的产物，其产生有一定的必然性和合理性。首先，该制度在施行初期，为我国证券市场的发展做出了巨大的贡献。股权分置制度减少了我国国有企业在上市过程中所遭遇的思想观念以及利益分配方面的阻力，最大限度地减少了改革给市场带来的阻力，加速了我国证券市场的发展进程。其次，其有力地推动了我国国有企业股份制改革，使国有企业能够在保持公有制性质前提下解决自身的资金问题。最后，股权分置让国家支付较低的对价掌握上市公司的所有权，在政府掌握上市公司所有权的前提下，上市公司的生产经营不容易受到外部资产市场的冲击，国有上市公司的股份也不容易遭遇恶意投机。然而，该制度也为我国证券市场的发展带来了一系列的后遗症。

2.2　中国股权分置制度的几组数据

1. 市场总体情况

截至股权分置改革前的 2005 年 6 月底，我国股票市场流通市值为 10 004.21 亿元。如果按流通股 6 月底收盘价计算，上市公司的总市值为 31 590.02 亿元；境内上市公司为（A、B 股）1 391 家，境外上市公司为 114 家；两市投资者开户总数为 7 273.93 万户。如图 2-1、图 2-2、图 2-3 所示。

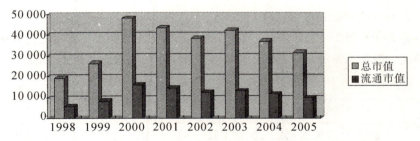

图 2-1　中国股票市场 1998—2005 年市值变化图（单位：亿元）

注：2005 年数据为该年 6 月底的数据，其余年份为当年年末数。

数据来源：《中国证券期货统计年鉴：2004》，中国证券监督管理委员会编；中国证监会官方网站．转引自：吴广灼. 中国股权分置制度研究［D］. 武汉：武汉大学，2007.

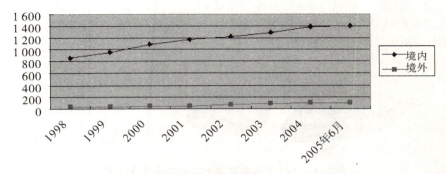

图 2-2　中国股票市场 1998—2005 年上市公司数量（截至 2005 年 6 月底，单位：家）

数据来源：《中国证券期货统计年鉴：2004》，中国证券监督管理委员会编；中国证监会官方网站．转引自：吴广灼. 中国股权分置制度研究［D］. 武汉：武汉大学，2007.

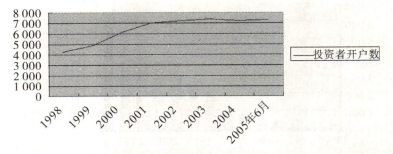

图 2-3　中国股票市场 1998—2005 年投资者开户数（截至 2005 年 6 月底，单位：万户）

数据来源：《中国证券期货统计年鉴：2004》，中国证券监督管理委员会编；中国证监会官方网站．转引自：吴广灼. 中国股权分置制度研究［D］. 武汉：武汉大学，2007.

2. 中国上市公司股份结构

表 2-1 和图 2-4 显示的是，截至 2003 年 12 月底我国上市公司股份结构分布情况。图 2-5 显示的是 1990—2003 年我国上市公司股份结构变动情况。

表 2-1　　　　　　　　　　中国上市公司股份结构

总股份	尚未流通股份					已流通股份			
	合计	国家股	法人股	职工股	其他	合计	A 股	B 股	H 股
6 427.18	4 157.26	3 029.58	1 095.6	11.03	21.05	2 269.92	1 716.95	175.35	377.62
100%	64.68%	47.14%	17.04%	0.17%	0.33%	35.32%	26.71%	2.73%	5.88%

注：①数据截止时间是 2003 年年底。

②"转配股""基金配售股份""战略投资者配售股份"等统计数据都包括在"其他"中。

数据来源：《中国证券期货统计年鉴：2004》，中国证券监督管理委员会编；中国证监会官方网站。转引自：吴广灼. 中国股权分置制度研究 [D]. 武汉：武汉大学，2007.

图 2-4　2003 年年底中国上市公司股份结构图

数据来源：《中国证券期货统计年鉴：2004》，中国证券监督管理委员会编；中国证监会官方网站。转引自：吴广灼. 中国股权分置制度研究 [D]. 武汉：武汉大学，2007.

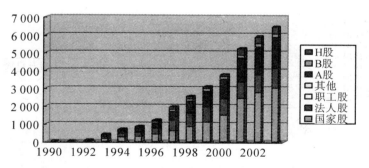

图 2-5　1990—2003 年中国上市公司股份结构变动情况

数据来源：《中国证券期货统计年鉴：2004》，中国证券监督管理委员会编；中国证监会官方网站。转引自：吴广灼. 中国股权分置制度研究 [D]. 武汉：武汉大学，2007.

3. 中国上市公司的股权分置状况

表 2-2 和图 2-6 显示的是截至 2005 年 6 月底, 我国上市公司的股权分置状况。表 2-3 显示的则是我国上市公司 1992—2004 年股权结构分布情况。

表 2-2　　　　　　　　中国上市公司股份结构分布

总股份		尚未流通股份	已流通股份			
单位	总计	合计	合计	A 股	B 股	H 股
亿股	6 427.18	4 775.30	2 734.93	2 110.57	211.14	413.22
100%		63.58%	36.42%	28.10%	2.81%	5.5%

注: 数据截止时间是 2005 年 6 月底。

数据来源: 中国证券业监督管理委员会官方网站统计资料。转引自: 吴广灼. 中国股权分置制度研究 [D]. 武汉: 武汉大学, 2007.

图 2-6　2005 年 6 月中国上市公司股权分置状况

注: 数据截至 2005 年 6 月底。

数据来源: 中国证券业监督管理委员会官方网站统计资料。转引自: 吴广灼. 中国股权分置制度研究 [D]. 武汉: 武汉大学, 2007.

表 2-3　　　　　　　中国上市公司 1992—2004 年股权结构分布

年度	A 股公司样本	第一大股东持股比例	第二大股东持股比例	第三大股东持股比例	第四大股东持股比例	第五大股东持股比例	前三大股东持股比例	前五大股东持股比例
1992	20	0.353	0.141	0.072	0.036	0.025	0.566	0.627
1993	156	0.415	0.068	0.034	0.020	0.014	0.517	0.551
1994	252	0.442	0.065	0.033	0.020	0.014	0.538	0.572
1995	292	0.435	0.076	0.033	0.021	0.015	0.543	0.580
1996	521	0.444	0.076	0.034	0.021	0.015	0.554	0.590
1997	694	0.449	0.075	0.032	0.019	0.013	0.555	0.587
1998	810	0.457	0.078	0.032	0.018	0.012	0.568	0.598
1999	895	0.456	0.080	0.032	0.018	0.012	0.568	0.599

表2-3（续）

年度	A股公司样本	第一大股东持股比例	第二大股东持股比例	第三大股东持股比例	第四大股东持股比例	第五大股东持股比例	前三大股东持股比例	前五大股东持股比例
2000	1 039	0.446	0.083	0.033	0.018	0.012	0.561	0.591
2001	1 097	0.441	0.083	0.033	0.018	0.011	0.557	0.586
2002	1 168	0.436	0.087	0.034	0.019	0.012	0.557	0.587
2003	1 235	0.426	0.092	0.037	0.020	0.012	0.555	0.586
2004	1 332	0.418	0.097	0.038	0.020	0.013	0.553	0.585
平均值		0.432	0.085	0.037	0.021	0.014	0.553	0.588

注：数据截至2004年12月31日。

数据来源：根据Wind资讯系统整理得到。转引自：许年行. 中国上市公司股权分置改革的理论与实证分析［D］. 厦门：厦门大学，2007.

4. 中国上市公司的募集资金状况

2000年以来，我国上市公司融资规模日益萎缩，从2000年的1 532.2亿元减至2004年的629.6亿元。上市公司日益萎缩的规模使我国证券市场的资本化程度与经济增长极为不协调，券商经营举步维艰，整个中国证券市场进入低迷期。2005年1月，财政部决定停止新股发行与再融资。2005年4月30日，中国证监会发布了《关于上市公司股权分置改革试点有关问题的通知》，对非流通股的流通问题作出了详细的规定。该规定指出："各试点公司股权改革主要是由非流通股股东通过向流通股股东支付一定对价来获得非流通股股票流通的权利，将非流通股股东持有的这些股票转化为流通股股票。"这一决策改变了一直以来非流通股股东不承认流通股股东利益受损的情况，也改变了非流通股股东不愿意对流通股股东进行补偿的做法。

表2-4　　　　　　中国上市公司2000—2004年募集资金状况　　　　单位：亿元

年度	首发募集资金	增发募集资金	配股募集资金	募集资金合计
2000	852.2	170.5	509.5	1 532.2
2001	614.0	227.3	423.3	1 264.6
2002	498.8	164.7	56.6	720.1
2003	472.4	116.1	70.3	658.8
2004	353.5	174.0	101.7	629.6

注：数据截至2004年12月31日。

数据来源：转引自何晓宇. 股权分置改革与中小投资者权益保护研究［D］. 长春：吉林大学，2013.

2.3 股权分置改革的基本概念及实施股权分置改革的必要性

上市公司股权分置改革（以下简称"股权分置改革"或"股改"），是通过非流通股股东和流通股股东之间的利益平衡协商机制，消除 A 股市场股份转让制度性差异的过程（中国证监会，2005）。因此，股权分置改革与非 A 股的其他股份持有者无关，在不损害非 A 股股东的利益的前提下，股权分置改革不需征求非 A 股股东的意见。

股权分置是我国资本市场的一项重大基础制度缺失，李京真（2007）总结了股权分置对我国资本市场的发展带来的弊端：

1. 股权分置破坏了上市公司股东利益机制一致性的基础，导致流通股股东和非流通股股东的利益发生冲突

在股权分置的制度背景下，流通股股东的利益包括分红和资本收益（股票价格的上涨），股票价格的上涨更多地体现在公司核心竞争力的提升、经营业绩的提高等基本面的改善上。但是非流通股股东的利益则取决于上市公司净资产的增加，上市公司每股净资产的增加一方面来源于公司经营利润的累计，另一方面来源于以高于每股净资产的价格融资，而后者才是非流通股股东财富增加的主要渠道。由于上市公司三分之二的股权掌握在非流通股股东手上，因此，上市公司的行为更多地体现了非流通股股东的利益而不是流通股股东利益，我国上市公司相比国外而言拥有强烈的股权融资偏好也就显得非常正常，而大股东积极监管公司，努力提升公司核心竞争力，进而提升公司股价的正向激励机制被人为地分隔开。可以说，由于非流通股股东并不能获取股价上涨带来的收益，以致上市公司的股东不能形成激励相容的机制促进上市公司良性发展。

2. 股权分置下的上市公司利益易受大股东的侵害

在西方完全流通的资本市场上，上市公司大股东损害上市公司利益的行为会在很大程度上受到股票价格的约束（如果大股东损害公司的利益，这将导致股票价格的下跌，由于大股东持有公司较大比例的股票，股价下跌将直接损害大股东的利益，减少大股东的财富）。但在股权分置的资本市场，大股东缺乏来自股票价格的市场约束（如果大股东损害公司的利益，这将导致股票价格的下跌，由于大股东持有的股票本身不能流通，因此股价下跌不能损害大股

东的利益,相反,大股东可以全部获得通过损害公司利益而获得的好处),因此,大股东更有可能为了个人私利而损害上市公司利益。

3. 股权分置状态与全流通状态下上市公司的股利分配政策有显著差异

在全流通的资本市场上,为了稳定和提升股价,很多上市公司都制定并执行持续、稳定的分红政策,分红是很多投资者主要的投资收益。但在我国资本市场中的股利分配中,上市公司对现金分红普遍具有较强的吝啬性,这主要是因为非流通股股东本身并不能获得股价上涨的利益,因此其没有通过执行稳定的分红政策来吸引投资者的动机;与此相反,非流通股股东可以利用"隧道行为"来获取留存在上市公司的红利。与此相适应的是,我国资本市场上的投资者只能追求资本利得,而资本市场作为投资性场所的本质特征难以得到体现。

4. 股权分置状态下的资本市场定价机制发生扭曲

股票价格除包含公司基本面因素外,还包括对三分之二股份暂不上市流通的预期。因此,股票价格由两部分构成:股票的内在价值、其他股份上市交易需支付的流通权对价。股票的内在价值可以由相关的估值方法进行分析,但是流通权对价的决定因素非常复杂,很难确定,这就导致股票价格的不稳定性。同时,三分之二以上的股份不能上市流通,客观上导致单一上市公司流通股股本规模相对较小,股市投机性强,股价波动较大和定价机制扭曲。

5. 股权分置也不利于深化国有资产管理体制改革

在股权分置的背景下,国有股权不能实现市场化的动态估值,国有股份也不能做到增持和减持的自由操作,不利于国家产业政策的实施。同时,由于缺乏科学的考核和评估价值,资本市场也不易形成对上市公司强化内部管理和增强资产增值能力的激励机制。

6. 股权分置不利于上市公司的购并重组

以国有股份为主的非流通股转让市场是一个参与者有限的协议定价市场,交易机制不透明,价格发现不充分,严重影响了国有资产的顺畅流转和估值水平。同时,在股权分置的资本市场上,主并公司收购目标公司股份后,由于这一股份是不可流通的股份,很难在股权增值后出售,因此,收购上市公司后的收益更多来源于"非正常收益",如通过向上市公司注入优质资产,使上市公司符合再融资条件,在上市公司再融资成功后通过"隧道行为"获取新筹集资金的支配权;用上市公司为收购公司或其关联方恶意担保,将上市公司推向担保的泥潭等。

另外,吴晓求(2004)列举了股权分裂的八大危害:①从根本上损害了上市公司的利益机制，使上市公司非流通股股东（大股东）与流通股股东（中小股东）之间的利益关系处在完全不协调甚至对立的状态；②股权流动性分裂是市场内幕交易盛行的微观基础；③股权流动性分裂必然引发市场信息失真；④股权流动性分裂导致上市公司控股股东或实际控制人扭曲的战略行为；⑤股权流动性分裂是中国上市公司疯狂追求高溢价股权融资的制度基础；⑥股权流动性分裂造成了股利分配政策的不公平，利益分配机制处在失衡状态；⑦股权流动性分裂使中国上市公司的并购重组带有浓厚的投机性；⑧股权流动性分裂客观上会形成上市公司业绩下降、股票价格下降与非流通股股东资产增值的奇怪逻辑。他认为股权流动性障碍是中国资本市场发展绕不开的坎，随着资本市场的市场化和国际化，股权流动性分裂越来越成为制约中国资本市场向深度发展的最根本因素。

安青松（2012）认为上市公司股权分置改革的经济效果主要有三个方面：一是推动公司制度的全面转型。股权分置改革的机制设计，具体实践和导入契约平等、民主平等的核心理念，改革全程贯彻民主协商对价公平，程序保障契约平等，政府减少对微观经济活动的干预等经济市场化、民主化的理念，使现代公司制度的核心价值观和内在运行机制得到较为广泛的普及和实践检验，增强了投资者的信心。二是股权分置改革是资本市场基础性制度建设迈出的关键性、决定性步伐，推动资本市场转折性变化，促进了资本市场体系的成熟和完善。股权分置改革基本完成后，市场功能逐步健全，资源配置功能、经济"晴雨表"功能、价格发现功能和创新培育功能逐步发挥。三是促进提高上市公司质量。股权分置改革构建起全新的公司契约关系和股东的共同利益基础，从根本上推动了公司治理、占用资金、并购市场化以及退市机制等问题的解决，股权分置改革前后上市公司运行机制发生深刻变化，上市公司真正进入了现代公司制度的发展环境。

因此，我国上市公司股权分置改革不仅仅是改变我国上市公司的股权分置问题，更是我国资本市场持续发展和不断创新的基础；股权分置改革完成后我国资本市场将实现与国外成熟资本市场在制度规范上的对接，有利于吸取国外资本市场发展过程中的经验与教训，我国资本市场在全流通的环境下又将迎来一个良好的发展机遇，对于上市公司、控制股东和投资者而言都具有极其重要的意义。

第 3 章　国内外研究综述

3.1　关于终极控制权的研究现状

自 La Porta 等（1999）首次提出终极控制权的概念后，对终极控制权的相关研究成为近年来国内外学者研究的热点问题。

一是研究终极控制权（Ultimate Control）和现金流量权（Cash-Flow Rights）的偏离状况，以分析其对公司价值、小股东利益等的影响。关于现代公司的公司治理问题，多数文献都是基于 Berle 和 Means（1932）提出的所有权和控制权高度分散的观点，认为公司的所有权与经营权高度分离。Baumol（1959），Jensen 和 Meckling（1976），Grossman 和 Hart（1980）在此基础上进一步发展。然而，自 1980 年以来的相关研究的实证结果却表明，所有权集中的现象甚至存在于美国的许多大公司，相对于分散的控制权，所有权集中甚至在一定程度上可以发挥解决"经理层代理问题"和"搭便车"问题的积极作用（Domsetz，1983；Shleifer 和 Vishny，1986；Morck，Shleifer 和 Vishny，1988）。在其他的富有经济体中也发现更多显著的所有权集中度（La Porta 等，1998，1999）。为了对大股东控制下的公司控制权和所有权进行深入研究，La Porta 等（1999）首次沿着所有权的链条（Control Chains）追索出谁拥有最大的投票权，并围绕终极控制权展开研究。Claessens 等（2000）、Faccio 等（2002）、Holmen 和 Knopf（2004）、Yoser Gadhoum（2005）、Chernykh（2005）参考 La Porta 等（1999）的研究方法，对欧洲、东亚、加拿大、美国、瑞典、俄罗斯等国家和地区的上市公司进行了类似的研究。La Porta 等（1999，2000）和 Claessens 等（2000）发现，有许多上市公司的终极控制股东会通过金字塔结构（Pyramid Structures）、交叉持股（Cross Holding）与二元股份（Dual Shares）等方式达到控制公司的目的，并因此而造成控制权和现金流量权的构成与通常的"一股一权"相偏离的不合理现象，并使得其所掌握的控制权超过其所拥有的现金流量权。在此情况下，终极控制股东即可能通过利益转移和掏空公司资产等方式，侵占小股东的财富，并产生道德风险与逆向选择的相关代理成本问题（Bebchuk 等，1998；Claessens 等，2002；Holderness，2003）。Nenova（2003）对该问题也进行了深入的研究。

Edwards 和 Weichenrieder（2009）用德国上市公司面板数据，以直接持股计量和采用终极控制权计量的方法计算了终极控制股东的股权，并比较了这两种方法的差异。Poletti Hughes（2009）选取了 12 个西欧国家的数据，分析终极控制权和投资者保护状态对公司价值的影响。研究发现，投资者都倾向于调整自己的最终控制权结构以克服价值减值风险。Poletti Hughes（2009）分析了终极控制权和投资者保护对西欧国家所选本公司价值的关系。分析基于两类数据样本：一类是终极控制人的存在，一类是现金流量权和控制权偏离的水平。通过分析检验了债权人和股东所得到的权利，以及这些权利被强加于司法系统有效性的水平。研究的主要结论说明公司会采取措施使得终极控制权可以克服受国家法律影响的公司价值下跌风险并提供一些投资者保护。Edwards 和 Weichenrieder（2009）认为最近的公司治理文献中强调了控制权和现金流量权的区别但是并没有提出一种度量方法。控制权可能是用直接持股来衡量，这种持股可由控制链条追溯计量。他们用德国公司面板数据，比较了很多种计量方法来确定股权集中度，发现通过控制链追溯控制权的方法并不优于直接控股计量法。

叶勇、胡培、黄登仕（2005）运用终极产权论对上市公司的控股主体进行分类，通过追踪上市公司终极控制股东，发现在 1 260 家样本公司中，终极控制股东拥有的控制权平均为 43.67%，而其投入的现金流平均只有 39.33%。在三种终极控制股东中，家族企业投入了相对较少的现金流量，却取得了相对较多的控制权，控制权和现金流量权的偏离达到了 49.16%，同时还对中国上市公司和东亚、西欧国家的上市公司进行了比较分析。叶勇、淳伟德、黄雷（2007）运用终极产权论对上市公司的控股主体进行分类，通过追踪上市公司终极控制股东，分析了 1 260 家样本公司中终极控制股东拥有的控制权、现金流量权及其比例关系。同时，进一步对不同行业上市公司终极控制权、现金流量权和公司绩效进行了比较分析。武立东、张云、何力武（2007）发现，在集团治理条件下，随着控制权和现金流量权偏离程度的增加，终极控制人采取具有侵占效应的行为的激励逐渐增强。而上市公司的治理结构能够对这一影响起到调节作用。其中，股权结构中的内部股东比例增加会强化侵占效应的激励；董事会结构中外部董事比例的增加会抑制终极控制人的侵占效应行为。王永海、张文生（2008）研究了终极控制权对我国上市公司财务风险的影响，发现终极控制人的现金流量权与控制权的偏离程度越高，上市公司财务风险越高。同时，终极控制人的性质亦会影响上市公司的财务风险。民营上市公司的财务风险最高，地方政府控制的上市公司次之，中央政府控制的上市公司财务风险最低。王俊秋、张奇峰（2007）考察了终极控制人的控制权与现金流量权对盈余信息含量的影响。研究结果表明，终极所有权结构对盈余信息含量的影响取决于控制性家族"利益趋同效应"和"利益侵占效应"两种影响的比较。较高的现金流量权会产生利益趋同效应，从而提高盈余信息含量；而控制权和现金流量权的偏离则会加剧控制性家族与小股东之间的代理冲突，产生利益侵占效应，降低盈余信息含量。同时，控制性家族在上市公司任职与盈余信息含量显著负相关。因此，优化家族控制公司的所有权结构，降低控制权私利应该是一条能有效提高会计盈余质量的途径。控制权和现金流量权的这种偏离也有可能影响公司绩效（叶勇等，2007；Chen 等，2007）。张耀伟（2009）发现，终极控制股东两权偏离对公司价值具有显著的负向效应，其负向效应随终极控制股东现金流量权比例的提高而趋于降低；终极控制股东两权偏离对公司治理具有显著的负向效应，其负向效应随终极控制股东现金流量权比例的提高而趋于降低；公司治理对公司价值具有显著的正向效应，其在终极控制股东对公司价值的作用机制中具有显著的中介效应，中介效应占总效应的比例超过50%，终极控制股东现金流量权比例的提高会降低公司治理的中介效应。石水平、石本仁（2009）借鉴 Driffield 等（2007）的研究方法，运用终极产权论追踪上市公司的终极控股股东，分析了我国家族金字塔结构下的终极所有权对投资者关系管理和企业价值的影响。研究发现，投资者关系管理与家族控股股东的控制权负相关，与现金流量权正相关，与超控制权负相关，与投资者关系管理和企业价值正相关。另外，家族上市公司投资者关系管理和企业价值与是否委派管理层负相关，与董事长和总经理是否合一呈负相关关系。同时，该文献按家族控股股东的控制权大小分组检验也得到了类似的结论，这为我国家族企业治理和信息传递机制的建立提供了相应的参考。由于上述研究所揭示出的问题的深刻性，该领域近年来一直是研究热点。

二是研究控制权结构（Control Structure）、股权结构（Ownership Structure）对公司价值（Corporate Value）、公司绩效（Corporate Performance）的影响。由于控制权结构与股权结构紧密相关，因此，对控制权的研究不可避免地要涉及股权结构，进而分析股权结构和公司绩效的关系。国外学者关于股权结构与公司绩效的关系主要有两种观点（陈信元，陈冬华，朱凯，2004）：一种是以股权作为外生变量（Jensen 和 Meckling，1976；Holderness 和 Sheehan，1988；Morck 等，1988）；另一种将股权视为内生变量（Domsetz 和 Lehn，1985；Kole，1996；Agrawal 和 Knoeber，1996）。Samsuwatd Zuha Btmohd Abbas（2009）检验了马来群岛 31 个伊斯兰教财务机构的终极控制权结构。这些财务机构包括商业银行、折扣房产和发展财务机构。控制权结构使用前十大终极控制股权来衡量。业绩使用每股收益和债务率表示。研究结果表明：大多数马来群岛财务机构的终极控制人是政府，其次是外资股、家族控股，最后是机构投资者。统计结果显示，由政府控股企业的前十大股东股权平均为 36%。他们发现，政府股、外资股、家族股和机构投资者持股对每股收益都有显著的正相关关系，而没有一种股权对债务率有相关关系。对中国上市公司治理问题的研究与国外公司治理研究进程类似，也是从股权结构与公司绩效的关系开始的（Xu 和 Wang，1999；陈晓，江东，2000；Tian，2001；朱武祥，宋勇，2001；陈小悦，徐晓东，2001；Sun 和 Tong，2003；孙永祥，黄祖辉，1999；Bai 等，2004；白重恩等，2005；徐莉萍，辛宇，陈工孟，2006）。白云霞、吴联生（2008）通过研究发现，国有控制权转移总体上并没改善公司业绩，终极控制人变更能够改善国有控制权转移的绩效。控制权转移之后收购的资产在短期内提高了公司业绩，但没有发现这种正向作用在终极控制人是否变更两类公司之间存在显著差异，这篇文章的研究结论为我国国有企业改革提供了重要依据。

杨淑娥、苏坤（2009）从终极控制人的视角研究了终极控制股东现金流量权以及控制权与现金流量权的偏离对公司绩效的影响，并在此基础上考察了自由现金流对终极控制股东攫取行为的约束作用。研究表明现金流量权与公司绩效显著正相关，对终极控制股东存在"激励效应"；控制权与现金流量权的偏离与公司绩效显著负相关，终极控制股东对公司具有"堑壕效应"，且当现金流量权较高时，终极控制股东的"堑壕效应"显著降低。进一步研究发现，终极控制股东攫取行为的发生不仅需要其有"能力"和"动机"，还需要有充足的自由现金流这个"机会"，较少的自由现金流能够有效地约束终极控制股东的攫取行为。廖理、张学勇（2008）利用中国家族上市公司股权分置改革前后的季度时间数据，实证研究股份全流通纠正终极控制者利益取向的有效性，进而对股改的公司治理效果作出判断。股权分置改革导致了大部分家族终极控制权的下降，不过一些家族终极控制者通过收购股权、定向增发等形式来巩固对上市公司的控制权，股改之后家族终极控制者掏空上市公司的程度呈显著下降趋势；进一步研究发现，股改之后家族终极控制者的掏空动机发生了显著改变。全流通确实有效地纠正了上市公司终极控制者的利益取向。股权分置带来的弊端是持有非流通股的公司控制者利益取向与公司市场价值的背离，产生严重的代理成本并阻碍我国资本市场的健康发展。全流通之后股权定价基础的一致，带来了终极控制者利益取向向上市公司价值回归。徐龙炳、俞红梅（2009）基于 La Porta 等（1999）的终极控制权理论，在非线性框架下研究终极控股股东控制权、现金流权、公司治理与掏空问题。研究结果表明，终极控股股东控制权水平与掏空行为有显著正向关系，且当控制人为政府时尤为明显，而现金流权无法抑制掏空行为；管理层薪酬的增加及政府干预的减少可以有效抑制掏空，而其他公司治理机制对掏空行为没有显著抑制作用。进一步考察不同水平下控制权和现金流的影响，发现在绝对控制权水平下，控制权的掏空效应尤为明显；高现金流权可以有效抑制掏空，而低现金流权不具有抑制效应。从现有文献看，国内关于公司股权结构和公司绩效关系的实证研究虽然丰富，但未能取得一致成果，其根源也许是由于"股权结构可能只是形式上的问题，要探寻中国上市公司的治理问题，应该从政府行为、公司所处治理环境等更为实质的因素出发"（夏立军，方轶强，2005），李增泉、余谦、王晓坤（2005）通过对上市公司并购重组的分析间接支持了这一观点。

三是研究终极控制权与资本结构的关系。韩亮亮、李凯（2008）利用我国 91 家民营上市公司 2003—2005 年面板数据检验终极股东控制与资本结构的关系。研究发现，终极股东控制权与总资产负债率、流动负债率显著正相关，终极股东控制权与现金流量权偏离度与总资产负债率、与流动负债率显著负相关。这表明资本结构决策本身存在代理问题。终极股东控制权小于直接控制权的上市公司具有更低的资本结构。这表明控制权是否一致会影响终极股东对上市公司融资方式的选择，当终极控制权小于直接控制权，终极股东倾向上市公司采用股权融资。很多公司中存在着终极控制权现象，终极控制人通过金字塔式的股权结构控制公司并以此获取控制私利，资本结构作为公司的重要财务决策必然会受到影响。孙健（2008）以资本结构为对象研究终极控制权对公司财务的影响，构建一个全新的现金流量权与控制权分离程度的替代变量，结果表明在中国终极控制权比控股股东更能反映控制的实质和掏空的本质，终极控制人控制上市公司进行债务融资是为了通过举债获得可控制的资源，相对于国有上市公司的终极控制人，民营上市公司的终极控制人的上述动机更加明显；尽管中国上市公司独立董事比例较低，但是独立董事的存在确实能抑制终极控制人的掏空行为。

四是研究终极控制权与信息透明度及对董事会有关变量的关系。苏坤、杨淑娥（2009）通过实证研究发现，低的公司信息披露透明度作为终极控制股东隐蔽控制权收益的一个机制，终极控制股东会通过操纵公司透明度来实现自己的利益。与"堑壕效应"相一致，终极控制股东超额控制程度与公司透明度负相关；与"激励效应"相一致，终极控制股东现金流权与公司透明度正相关。肖浩（2009）以2001—2007年A股上市公司为样本，研究在不同终极控制权属性下董事会制度对总经理非常规变更作用的有效性及内控机制的差异。研究发现，终极控制权的属性对总经理非常规变更产生了显著的影响，不同属性下的董事会对总经理非常规变更的治理机制和效率存在一定差异。其中，董事会领导结构和董事会会议次数对总经理非常规变更起到显著的解释作用；董事会规模只对民营控股公司总经理非常规变更有解释作用，对国有控股公司没有解释力；独立董事比例反而降低了民营控股公司总经理非常规变更的可能性，与国有控股公司的相关性则未得到证实。

五是研究终极控制人性质与企业融资方式的关系。梅丹、赵建峰（2008）从债务融资方式着手，分析不同债务融资方式对企业投资支出的影响以及这种影响是否会因终极控制人的产权和行政属性而异。通过对我国上市公司2002—2006年数据的实证研究发现：不同债务融资方式对企业投资支出的影响有显著差异；非国有控股公司中银行借款对投资支出的制约作用更显著，而国有控股公司中商业信用对投资支出的制约作用更强；在中央和地方控股公司中，银行借款和商业信用对投资支出的抑制作用没有显著差异。

六是从多个大股东股权结构（Multiple Large Shareholders）角度展开的相关理论与实证研究。

La Porta等（1999）将持有上市公司10%（或20%）的投票权的股东称为大股东，存在两个以上持有上市公司10%（或20%）的投票权的股东而没有绝对控制股东的股权结构就可以称为具有多个大股东股权结构。La Porta等（1999）分析了27各国家的600家上市公司，发现有四分之一的公司有超过一个的多个大股东。Faccio和Lang（2002）分析了5 232个样本公司，发现39%的公司有至少两个大股东。Laeven和Levine（2008）、Attig Guedhami和Mishra（2008）也采用了类似的划分标准展开对多个大股东的研究工作。María Gutiérrez Urtiaga和Josep A. Tribo（2008）发现其样本中37.73%的公司有多个大股东，Laeven和Levine（2008）发现，在1 657个欧洲上市公司的样本中，34%的上市公司至少有两个大股东。从近期的文献来看，多个大股东的股权结构在世界上许多国家的上市公司中是普遍存在的，且多个大股东及其对上市公司公司价值和经营行为的影响已经成为近期公司治理研究领域的热点问题之一。

Volpin（2002）、Laeven 和 Levine（2008）、María Gutiérrez Urtiaga 和 Josep A. Tribo（2008）的研究均发现多个大股东的股权结构对于提高公司业绩具有积极作用，且大股东的投票权分布均匀程度与公司价值正相关（Laeven 和 Levine，2008），但是多个大股东之间的企业联盟会对公司价值产生负面影响（Gianfrate，2007）。而 Attig Guedhami 和 Mishra（2008）发现多个大股东的存在会降低股权资本成本。

我国也有 48.5%的上市公司存在多个大股东的股权结构。现有国内文献主要是从股权制衡的角度分析股权制衡对公司价值的正面或负面的影响（邓建平，曾勇，李金诺，2006；李维安，王守志，王世全，2006；徐莉萍，辛宇，陈工孟，2006；洪剑峭，薛皓，2009；毛世平，2009），但是多个大股东的股权结构并不仅仅简单地表现为股权制衡，而是表现为多个大股东之间的合作、监督、联盟、竞争等多种形式。这些表现形式对于上市公司的公司价值、公司业绩、公司的经营和投资行为、投资者的利益等都会产生重大影响，这种影响也是促使我们展开研究的原动力。

七是将终极控制权与股改联系起来，研究相关的问题。叶勇、黄雷、张琴（2009）试图从微观公司治理结构方面展开研究，探讨公司治理结构与股改对价之间的关系。实证研究结果表明，公司的股权结构与股改对价有着显著的线性相关关系。当上市公司的终极控制股东为国有控股时，流通股股东获得的对价较高；当上市公司的终极控制股东为非国有控股时，流通股股东获得的对价较低。也就是说，不同类型终极控制股东控股的企业，其对价存在着显著性差异。该文的研究还发现：第一大股东的持股比例与第二大股东持股比例的偏离度越大，股改对价越高；不同的承诺变量对对价的影响作用不同；终极控制股东不同时，各承诺变量的影响作用也有差异。至于企业是否发行 B 股和 H 股、董事会规模和外部独立董事对对价的影响作用，本书则未发现明显的相关关系。

俞红海、徐龙炳（2009）研究了股权分置改革之后全流通背景下控股股东最优减持行为。理论上首次通过动态模型研究发现，控股股东最优减持与现金流权水平、外部治理环境正相关，而与公司投资机会、市场平均回报率负相关，并且相对于中央政府，地方政府或私人控股时更有可能发生减持。研究结果表明：控股股东现金流权水平对减持行为影响显著为正，对公司投资机会影响显著为负，并且当控股股东为私人时，第一大股东更会减持，基本验证了该理论。该文的研究为股权分置改革后股权结构调整提供了理论依据，同时也在一定程度上解释了目前市场上的减持行为。

总体而言，由于终极控制权这种追踪最终控制股东的终极产权属性的股权划分方式比现有的股权结构划分方式更加能够分清股权的性质，因此，在近几年的学术研究中已经得到了比较广泛的应用，本书也是建立在这样的股权划分基础上的。同时，我们认为终极控制权可分为两种类型：一是显性终极控制权（Explicit Ultimate Control），即第一大股东没有通过多层结构而直接具有对上市公司的实际控制权；二是隐性终极控制权（Implicit Ultimate Control），即最终控制者通过采用金字塔结构（Pyramid Structures）和（或）交叉持股（Cross Holding）等方式而具有实际控制权。这种显隐性的终极控制权划分方式将更加有利于对相关问题的研究。

3.2　股权分置改革的研究现状

2005 年 4 月 29 日，经国务院同意，中国证监会发出了《关于上市公司股权分置改革试点有关问题的通知》，股权分置改革正式拉开帷幕，自此宣告"股权分置"时代的终结，中国资本市场近二十年发展历程中最重要的变革开始了。

在中国股市建立早期，由于当时特殊的政治、经济环境，在国有企业上市融资时出于"国有股的内在价值难以计量导致人们认为国有股出售时可能存在国有资产流失，同时，国有股的出售也会导致国有资本对上市公司控制权乃至整个国民经济控制力的削弱及考虑市场扩容对投资者心理的影响"（苏梅，寇纪淞，陈富赞，2006），所以实施股权分置。然而随着中国资本市场近二十年的迅速发展，市场机制效应开始逐渐发挥作用，市场机制与严重扭曲的市场交易机制的"股权分置"产生了冲突，且随着时间的推移，这种冲突变得更加剧烈，严重干扰了中国资本市场的正常发展，导致健康完善的资本市场投融资体系始终未能在我国建立起来。我国资本市场的监管当局逐渐意识到市场机制与股权分置状态之间的冲突已经难以协调，便开始采取行动试图弥补资本市场建立初期的致命缺陷。从 1999 年年底中国证监会推出"国有股配售试点方案"起，到 2001 年中旬的国有股减持，由于缺乏充分论证、急于求成、行政色彩过浓、对投资者保护不力、投资者信心缺失、时机不合等各种因素的影响，这些措施均宣告失败，并使中国股市经历了长达 4 年之久的熊市。鉴于以上教训，2004 年初"国九条"出台，明确要求"积极稳妥解决股权分置问题，在解决这一问题时要尊重市场规律，切实保护投资者特别是公众投资者的合法权益"。随后经历了一年多的充分准备后，中国证监会于 2005 年 4 月 21 日表示解决股权分置已具备启动试点条件。

截至目前，股权分置改革从启动开始已经过去五年时间。在这期间，股权分置改革通过试点公司推广、分批逐次进行、股东投票表决等方式稳步向前推进，最终沪、深两市大部分上市公司均已完成股权分置改革所需法律程序，可以说股权分置改革已经取得阶段性成果，中国股市正在经历存在限售期的后股权分置改革时代向全流通时代的过渡。截至 2008 年 12 月 31 日，共有 1 327 家 A 股上市公司完成了股权分置改革。

在股权分置改革的这几年中，国内外的理论界与实务界均表现出了极大的关注和热情，尤其是理论界从股权分置改革前便开始对中国股权分置现象进行研究，为股权分置改革提出了许多有重要参考价值的意见和建议，在股权分置改革的过程中，也是随时跟踪股改进程及存在的问题，从理论阐述与实证分析等角度对股改中产生的诸多问题进行分析研究，为后续的股改工作探索出许多有益的建议和对策。

基于中国特殊的"股权分置"的资本市场所进行的股权分置改革，引发了国内外学者广泛的研究兴趣。但基于各方面条件的限制，对股权分置改革这一现象进行深入研究的主要是国内的学者，国外相关的研究相对比较少见。

下面是对这几年来国内外关于股权分置改革研究的代表性成果的梳理，希望能为今后的相关研究提供一定的参考和借鉴。总体而言，本书按照研究切入点的不同分别从股权分置改革必要性的理论分析、股权分置改革过程中对价支付问题、股权分置改革与投资者关系和股权分置改革效应等几个方面进行总结分析。

3.2.1 股权分置改革必要性的理论分析

中国证监会主席尚福林在 2005 中金论坛"经济变革下的中国金融业"上讲到："股权分置作为历史遗留下来的我国资本市场一项重大基础制度缺失，长期以来扭曲证券市场定价机制，使公司治理缺乏共同的利益机制，不利于国有资产的顺畅流转和国有资产管理体制改革的深化，不利于投资者对市场的完整判断，影响证券市场预期的稳定，制约我国资本市场国际化进程和产品创新。"股权分置改革作为我国资本市场的一项重大的基础性制度变革，其意义不仅仅在于消除非流通股股份的非流动性、消除影响资本市场功能的制度性障碍，它已经是我国资本市场其他各项制度改革和创新的基础，是推动我国资本市场运行机制转换的转折点，是提高我国资本市场资源配置效率的关键，更是我国资本市场与国外成熟资本市场对接的关键。因此，在我国，实施股权分置改革势在必行。

1. 股权分置改革的法理基础研究

从 2005 年 5 月开始的股权分置改革，是中国股市的一次重大制度变迁。而到目前为止，支持股权分置改革的理论基础仍不牢固。而坚实的理论基础对于实践行为的正向指导性毋庸置疑，如果实践活动脱离了坚实的理论支持，那么只能在黑暗中盲目行进，势必会四处碰壁，造成各种社会资源的无端浪费。股权分置改革对于中国的经济活动而言是一场深刻的转变，在这次史无前例的改革中，如何确立其理论基石，为其指明正确的前进方向，国内学术界及实务界进行了各种积极有益的探索。

（1）"流通股含权"说

2002 年国有股减持暂停之后，学术界在探讨非流通股入市应给予流通股股东以"补偿"的过程中，华生（2004）提出了"流通股含有流通权"的观点。华生（2004）认为："股权分裂的前提或必要条件是股权分置，即允许一部分股流通，而不让另一部分流通。但股权分置并不必然导致价格变异扭曲即股权分裂……股权分裂的充分条件是分置的暂不流通股权变相流通，形成协议转让的第二交易市场，从而形成了客观存在的价格差异。流通股与非流通股的分置，二者分别交易并形成价格的重大差异，加上产权定义和政策信息披露的严重不足和含混，这才构成了股权分裂的充分必要条件。从我国证券市场的历史发展过程来看，正是从 1994 年、1995 年起，有关部门严格区别两类不同股份的分置，严厉惩罚任何违规流通的行为，同时敞开了场外低价协议转让的大门，1996 年才出现所谓'价值发现'其实是股权分裂的革命，流通股股价大幅攀升，而且从此居高不下，形成了股权分裂基础上的流通股相对高价格认同。"由此，华生（2005）进一步提出："A 股含权是股权分置改革理论的基石。因为如果 A 股不含权，即与非流通股同股同权，那么，股权分置的提法就没有意义，所谓改革也就成了无的放矢。"

"流通股含权"说是 2003 年以后探讨股权分置改革的依据中具有较强理论色彩的观点，但因其不合理论规范、与历史事实不符、逻辑矛盾等原因难以成立。

（2）"合同"说

学者提出的这种说法认为，股权分置改革的主要理论依据是，流通股股东与非流通股股东之间曾经以某种方式达成了一个合同。这一合同体现于招股说明书、上市公告书和公司章程等文件中。该合同的内容是，非流通股不享有上市流通权，不能在证券交易所内上市交易；如果非流通股要入市交易，就意味着变更了持股合同内容，由此，必须向流通股股东支付违反合同的"补偿"，以获取流通权。

"合同"说以合同的存在为基础。关于合同的存在形式，现有文献有两种解释：①在流通股股东与非流通股股东之间存在着默认的合同条款。流通股与非流通股之间并没有订立明确的股份不能流通的合同。暂不流通的承诺是通过相关法律规定推导出来的。在推导出这种暂不流通的承诺以后，流通股股东有了非流通股暂不流通的心理预期，由此，以较高的价格购买股票。②非流通股股东与流通股股东订有明确的合同。由于在招股说明书、上市公告书和公司章程等具有法律效力的文件中有非流通股暂不上市流通、流通股可上市交易的明确约定，因此，如果非流通股要上市流通，非流通股股东就应给予流通股股东以违约"补偿"。总之，"合同"说不仅提出了一系列如何理解有关法律条款的问题，同时，也提出了一系列值得深究的理论问题。

（3）股市公共性：股权分置改革的理论根据

中国社会科学院"股权分置改革研究"课题组（2006）对股权分置改革中主要的两种理论观点——"流通股含权"以及"合同"说进行了深入剖析，发现它们的内在机理都存在严重的自我矛盾性，认为这两种主流观点无论在理论、逻辑，还是在实践依据上均难以成立，不过课题组承认虽然这两种理论难以自圆其说，但在实践中对股改方案的负面影响不大，甚至在一定程度上获得了意外的积极效应，主要表现有三：第一，它们一定程度上满足了流通股股东的心理要求，稳定了其市场行为取向，提高了他们的投资预期。第二，它们在一定程度上为非流通股股东所接受，使他们认同了以"对价"方式补偿因非流通股入市可能给流通股股东带来的利益损失，从而，促进了股权分置改革的顺利展开。第三，它们在一定程度上为证券监管部门所接受，"对价"成为实施股权分置改革的重要内容。

在上述分析的基础上，中国社会科学院"股权分置改革研究"课题组（2006）从政府政策的公共利益出发，提出了股市公共性观点，认为股市具有明显的公共利益性，而中国股市的发展过程也体现了中国特殊制度环境条件下的股市公共性特点。证券监管部门为维护中国股市的稳定发展，经常采用行政手段及政策措施干预股市，尽管社会对政府的干预措施评价不一，但从现实和历史的角度看，"股市稳定是维护公共利益的要求"是政府干预的出发点。中国社会科学院"股权分置改革研究"课题组（2006）按照"股市公共性"这一研究思路，对股权分置改革实践进行深度解析，认为股权分置改革是围绕"股市的公共性"这一基本点展开的，它不是"流通股含权""合同对价"等说法所能解释的，同样，股权分置改革的成本也远不限于"对价"范畴。中国社会科学院"股权分置改革研究"课题组（2006）还指出，从股市发展历程来看，中国股市的公共性至少体现在三个方面：一是股市的稳步发展，不仅直接关系股市参与者的利益，而且关系金融体系的完善和市场经济新体制的建设；二是股市运行秩序的稳定，不仅关系股市投资者的预期和投资行为的展开，而且关系经济社会生活秩序的稳定；三是股市基础性制度的缺陷和运行机制的不完善，不仅严重制约股市功能的有效发挥，而且严重影响中国经济运行中的储蓄向资本的转化、资本形成、国有企业产权改革的推进、金融机构资本充足率的提高、项目投资资本比例的保障，以及公司治理结构的完善、财务制度的健全、经济结构的调整、市场从商品竞争向资本竞争的发展等一系列问题。

张建民、宁代兵、曹孟鸣（2005）使用系统论的方法对我国历史上多次国有股上市不成功的过程进行分析，认为失败的主要原因在于改革方案未能周全考虑保护流通股股东权益，进而他们从多方面剖析了 2005 年 5 月首批试点上市公司的股改方案，认为试点上市公司股改方案存在明显的片面性，最后从舆论宣传、对价支付、信息披露、公司治理、战略导向、稳定市场等角度提出相应的对策建议。张建民等（2006）对股改实践进行理论反思，认为现有的股改实践尚未解决中国股市和上市公司治理的根本问题。股改后中国将进入由股权分置时代向全流通时代过渡的"后股权分置时代"，基本任务就是解决"一股独大"、完善股市管理制度、全面提高上市公司治理水平及业绩，从而顺利过渡到全流通时代，最后从股权结构、股东大会、董事会、监管机制、法律约束等方面为提升上市公司股改后的治理水平提出了对策和建议。

2. 股权分置改革实施时间问题

从中国的历次成功改革措施的出台时间来说，恰当时机的选择对于改革的顺利完成至关重要，好的时机可以为后面的具体行动创造良好的开端，有利于改革的顺利完成。郑振龙、王保合（2006）从流动性价值出发，将股权分置改革本身看做是上市公司拥有的永久性美式看涨期权多头，并运用期权分析框架，分析了股权分置改革时机的选择问题、流通股股东与非流通股股东的博弈、预期与价格跳跃过程，找到了该期权定价公司和提前执行该美式期权的最优执行边界，即股改的最优执行边界取决于非流通股的数量，以及公司流通股和非流通股股票的波动率。在此基础上得出了股权分置改革的具体实施时间应该在流通股价与非流动股价差异较大时的结论。

丁志国、苏治、杜晓宇（2006）运用博弈论的研究方法，对上市公司进行股权分置改革的时机与成本关系进行了定量分析，认为从改革成本的角度考虑，股权分置改革的过程周期不宜过长，在一个相对较短时间内解决股权分置问题，对于非流通股股东而言最为经济，更长的过程将使股东付出更高的代价，同时也使改革存在变数，当前的市场条件十分有利于完成这一历史重任。

3.2.2 股权分置改革过程中对价支付问题的研究

股权分置改革中的核心是对价的支付。从经济学角度来讲，对价就是两个以上平等主体之间经济利益调整导致法律关系冲突时，矛盾双方所作出的让步。这种让步可以理解为双方从强调自身利益出发而给对方造成损失的一种补偿。

1. 对价支付的理论依据

纵观股权分置改革的文献，研究对价支付理论依据的相关文献较少。对价支付是非流通股股东针对历史上获得的超额性溢价而对流通股进行的"补偿"。对价支付的基本理论依据是"股权分置溢价"或"流通A股含权"的存在。一般来说，股票上市后可能溢价也可能折价，这是全球证券市场的正常现象。但在股权分置改革条件下，由于三分之二的股票不能流通，这便缩小了股票供给，使发行和再融资溢价过高，出现新股不败神话；股权分置引致的非正常溢价也包含在二级市场交易价格中。因此以股权分置为前提，流通股的发行、再融资和交易价格均高于全流通条件下的均衡价格，产生了非正常溢价，一旦改变前提，溢价必然消失。

吴晓求（2006）从法律和经济学基础探讨了股权分置改革对价。从法律上讲，由于我国上市公司在发起时的招股说明书中约定"发起人股份暂不流通"，当契约变更时，契约方通过对价支付来对冲由契约变化带来的潜在风险；从经济学来讲，资产带来收益的重要因素在于其流动性，而这种流动性可能给非流通股股东带来的收益包括资产的避险能力、享受业绩上升带来的增值收益以及取得资产的市场差价收益，因此，非流通股股东要获得股份的流动性权利，就要付出相应的代价。

刘忠海、葛新元、汤小生（2006）认为流动性价值是股票价值的重要组成部分。他们把非流通股的流通看做是投资者购买一个由非流通股和一个以非流通股为项下资产的看跌期权构成的组合。通过实证分析，他们发现业绩越好、流通市值越大以及市净率越高的公司，非流通股的折价率越高，流通股可能获得的补偿越大。

苏梅、寇继淞、陈富赞（2006）认为，股权分置改革可以视做非流通股股东与流通股股东之间就获得流通权支付对价问题展开的博弈，且股权分置改革是一个完全信息动态博弈过程，并就股东间博弈的行为、博弈过程中股东的收益、股东的策略选择、博弈结果对市场平均对价水平的影响进行了论述，并对2005年已完成股改的上市公司进行实证分析。该文认为博弈过程促使股改双方均选择了最佳策略——提出合理的对价。

丁志国、苏治、杜晓宇（2006）根据政策中性原则与套利分析理论推导出市场均衡条件下的股权分置改革对价公式，对46家试点公司和进入全面股改后推出的前两批72家公司对价方案进行剖析，认为部分上市公司对价支付比例存在明显不合理，并利用博弈论的观点分析了试点公司不合理对价方案获得高票通过的原因。最后，对上市公司股权分置改革的时机与成本关系进行了定量分析，认为在一个相对较短时间内解决股权分置问题，对于非流通股股东而言最为经济。

饶育蕾、徐艳辉（2008）从行为博弈的角度，用EWA学习模型研究了其对价均衡的形成机理，并对均衡的形成过程进行了模拟。模拟结果表明EWA学习模型成功捕捉了对价均衡的形成过程，说明股权分置改革对价博弈是一个基于策略学习的博弈过程。对模型参数的分析表明博弈双方即非流通股股东和流通股股东具有极强的学习能力，但这种学习仅为对过去经验的纯策略学习；同时非流通股股东制订方案时对策略收益赋予较小的权重，说明决策双方博弈地位的不对等在很大程度上决定了不公平对价均衡的形成。

2. 对价支付方式

纵观中国此次股权分置改革的全过程，不同上市公司股权分置改革方案不尽相同，大致可以分为股份对价、现金对价、权证对价和资产重组四种方式。范歆（2006）将股权分置改革中的对价方式归纳为股本调整（非流通股股东向流通股股东送股、非流通股缩股、流通股扩股）、现金对价和权证对价三类以及附加的增持承诺、禁售期等，将不同对价方式融入流通股和非流通股效用函数中，最后得出在完全信息条件下，对价方式不相同的研究结论。

许年行（2007）总结了各种主要对价支付方式的具体操作方法、特点及适用范围。①"送股"对价支付适用于非流通股比例较大的公司。由非流通股股东直接将其持有的非流通股支付给流通股股东；或以上市公司资本公积金向全体股东转增股本，非流通股股东将其获得的非流通股全部或部分赠送给流通股股东作为对价。这种支付方式的基本特点是总股本不发生变化，非流通股比例下降，流通股股东持股数量增加，收益较为直接。②"缩股"对价支付适用于非流通股比例适中的公司。股权分置改革后，上市公司的非流通股股东均按同一比例缩小其所持股份，以取得缩股后其所持股份的流通股。支付完对价后，总股本和非流通股减少，非流通股比例下降。这种支付方式属于减资行为，法律程序较复杂，操作时间较长，对二级市场的压力较小。③"派现"对价支付适用于非流通股股东财务状况良好、现金流充沛的公司。非流通股股东自行向流通股股东支付现金，或由上市公司向全体股东派现，非流通股股东将其所获现金支付给流通股股东。这种支付方式不改变非流通股股东的持股比例，流通股股东收益直接、清晰，操作简单。④"权证"对价支付适用于大盘蓝筹股、符合权证发行条件的公司。非流通股股东以非流通股为标的，向流通股股东免费发送相应数量的权证，流通股股东可以转让权证或行权获得收益，而非流通股则逐步获得流通权。这种支付方式让流通股股东多一次选择机会，提供了一个第三方支付对价的手段，降低了非流通股股东对价支付成本，受到越来越多股改公司的重视，但该支付方式专业性强，操作较复杂。⑤"回购"对价支付适用于现金流量充裕、负债率较低及企业主业发展空间受国家限制的上市公司。以上市公司或非流通股股东为主体，向非流通股股东回购非流通股份并注销。这种支付方式的基本特点是不会形成对二级市场的股份供给压力，受上市公司资金状况的严重制约，操作时间较长。⑥"资产重组"对价支付适用于资产质量低、资不抵债、亏损、"ST"或面临退市的公司。重组方通过注入优质资产、承担债务等方式，以实现公司盈利能力或者财务改善作为对价安排。这种支付方式会较迅速提升上市公司的质量，操作中存在较大不确定性。总体而言，"送股"方式占主流地位。除上述各种对价支付方式外，在实践中，部分上市公司还根据自身的特点和实际情况，采用"送股"与其他方式相结合的组合对价支付方案。

在股改方案中，非流通股股东除了向流通股股东支付对价外，还作出各种附加承诺，主要包括：①延长禁售期承诺：非流通股股东承诺将非流通股到二级市场流通的禁售期长于证监会的有关规定。②最低持股比例承诺：承诺当非流通股可以流通时的最低持股比例。③最低流通价格承诺：承诺未来某时期内在二级市场挂牌出售股份的价格。④增持流通股承诺：在股改方案实施后的一段时间内，非流通股股东承诺从二级市场上增持股份，且在增持计划完成后的六个月内不出售所增持股份。⑤追加送股或送现金承诺：在未来几年内若公司年度的财务指标（如每股收益、净利润、净利润增长率）未达到某一条件，或者年度财务报告审计意见不能满足某一条件，或者未按时解决资金占用问题，则承诺向流通股股东追送股份或现金。通过作出承诺，非流通股股东可以减少在即期支出对价的成本，所以这些附加承诺成为股改方案中一揽子协议的重要组成部分，也是股改方案中"对价"的重要补充，是非流通股股东支付对价的合约的一部分。

在股权分置改革中，对价测算的理论方法主要有以下几个方面：①公司总价值不变法。该方法的核心在于股权分置改革前后公司总价值不变、流通股股东的持股价值不受损失。②合理市盈率法。该法理论基础与公司总市值不变法相同，即流通股股东的持股价值在方案实施前后不变。③超额发行市盈率法。该法主要依据上市公司IPO超额市盈率计算对价，主要适用于次新股。④两类股东不受损法。该法的核心是对价后非流通股股东和流通股股东持有的股份价值均不发生损失。⑤每股价值确定法。该法适用于缩股方案，是根据非流通股和流通股的每股价值确定缩股比例。

3. 对价支付水平及其影响因素

不同对价支付水平背后隐含的金融学理论正是股份流通和收益的折现问题。薛丁胜（2006）根据市场的价格水平给出了按照市净率确定非流通股价格的方式，该方案将市净率与每股净资产进行对应，不同倍数的市净率对应不同倍数的每股净资产价格并作为非流通股的价格，在此基础上计算市值和补偿方式。

朱小平、暴冰、杨妍（2006）认为流动性的分析与定价是中国资本市场股权分置改革的核心问题，因此从流动性入手，分析如何利用衍生金融工具给股票流动性定价，以此来解决对价给付问题。建议以金融创新的方式来为流动性定价，通过远期的利益支付来实现非流通股的流通，这样才能更好地实现用市场化机制推动资本市场改革。

苏梅、寇纪淞、陈富赞（2006）认为股权分置改革可以看做是一个完全信息动态博弈的过程，并就股东间博弈的行为、博弈过程中股东的收益、股东的策略选择以及博弈结果对市场平均对价水平的影响进行了详细的论述。研究发现，博弈过程促使股改双方均选择了最佳策略，即提出合理的对价。

什么因素影响股权分置改革的对价支付水平？这是个颇有争议的问题，也是备受研究者关注的焦点问题。究竟是财务因素、股本结构因素、政策因素还是市场因素决定？学术界采用不同的分析视角对对价支付水平的影响因素进行分析，得出的结论也不尽相同。

吴超鹏等（2006）以330家已实施股权分置改革且仅采用"股份对价"形式的上市公司为样本，分别从流通股股东和非流通股股东角度来衡量对价送达率和对价送出率，并从理论和实证两个角度分析对价送达率和送出率的影响因素。吴超鹏等（2006）的研究结果表明，控制力较弱的大股东将减少对价支付，以防控制力下降较多而导致额外失去过多的控制权私利；机构投资者持股比例与对价水平显著负相关，可见其未充分发挥议价能力，在股改中未能对中小流通股股东权益进行保护；流通股股东与非流通股股东共同面临"价格压力"时进行博弈均衡；持股损失与对价水平无显著相关关系，表明对价并不反映流通股股东对历史持股损失的补偿要求；非流通股股东在股改方案中若作出分红承诺和业绩承诺，则对价水平将显著降低，而额外锁定承诺、增持承诺和股权激励计划在降低对价方面作用不大。

张俊喜、王晓坤、夏乐（2006）以2005年初步完成股权分置改革的227家上市公司为样本，从上市公司的规模、风险、股权结构、盈利性以及市场表现等五个方面对对价水平的影响进行实证分析。其结果显示上市公司的非流通股比例及市场表现水平与对价水平显著正相关；而上市公司的盈利水平及流通股股权集中度与对价水平显著负相关；上市公司的风险状况对对价水平有着显著的负面影响；公司规模对对价水平有着负面影响，但不显著。这些结果表明上市公司在制订股改方案时较为全面地考虑了公司财务状况及市场表现等方面的影响，并平衡了各方的利益。

赵俊强、廖士光、李湛（2006）通过构建模型推导出股改的合理对价区间、市场均分对价和名义均分对价水平，利用完成股改的上市公司实证研究两类股东在股改中的利益分配状况，并考察影响实际对价水平的深层次因素。其研究结论表明流通股股东所能接受的最小对价与股改后的股票市价成反比，非流通股股东所能接受的最大对价水平与公司非流通股比重和股改后的股票市价均成正比，而与股改前的公司非流通股价格成反比；在完成股改的公司中，有近九成公司存在合理对价区间，有74%的样本公司使两类股东在股改中获得增量收益、实现"双赢"，有20%的公司由于实际对价水平过低而使流通股股东利益受损，且非流通股股东实际支付对价水平显著低于市场均分对价，但与名义均分对价水平不存在显著差异；股改的增量收益未能在两类股东间平均分配；非流通股比重、公司业绩、公司成长性、非流通股转成流通股份额等影响上市公司股改实际对价水平的重要因素，股改方案中体现了公司的经营能力与未来成长能力的重要性。而流通性溢价、流通股股东认可程度和非流通股转成流通股期限等因素未能在实际对价水平的确定上起到关键性作用。

郑志刚、孙艳梅、谭松涛、姜德增（2007）基于股权分置改革对价确定这一特殊的公司治理事件，从新的角度检验了我国上市公司现存公司治理机制的有效性，从而为判断目前我国上市公司治理现状提供了新的证据。郑志刚、孙艳梅、谭松涛、姜德增（2007）首先通过建立非流通股和流通股股东合作博弈的理论模型，系统地考察了股改中对价确定的影响因素，从而揭示了公司治理可能影响对价确定的实现机制。在此基础上，他们以截至2006年7月15日已完成股改的692家（以纯送股形式股改）的A股上市公司为样本，对理论模型的相关预测进行检验。他们通过构建公司治理综合指数来考察股改前公司治理水平对股改对价确定的影响。在控制了公司自身经营的成长性、流动性溢价和企业盈利水平等因素后，他们的研究表明，股改前公司治理水平对股改对价确定影响显著。他们进一步将反映公司治理总体状况的公司治理（综合指数）分解成不同的公司治理机制，来考察样本公司在过去所采取的不同公司治理改进措施对股改对价确定的可能影响，以此来检验不同公司治理机制的有效性。研究发现，在股改对价确定这样一个特殊的公司治理事件中，控股股东之外的积极股东的存在对对价的确定影响显著，从而成为目前较为有效的公司治理机制，而发行B股或H股、债务融资对经理人挥霍自由现金流的约束以及董事会的治理作用对对价的确定影响并不显著，从而成为股改完成后我国公司治理实践中有待进一步改进的公司治理机制。

辛宇、徐丽萍（2007）分别使用市场化指数和政府有效性指数作为治理环境的替代变量，在投资者保护的分析框架下，讨论了治理环境在股改对价和送出率确定过程中的作用。研究发现，上市公司所处地区的治理环境越好，对价越低；同时，机构投资者持股比例与对价之间呈负相关关系，然而这种关系只在治理环境差的子样本中显著。总之，较好的治理环境会使上市公司产生"公司治理溢价"，从而明显降低股权分置改革的成本，并可以显著缓解机构投资者和非流通股股东"合谋"侵害中小投资者利益等代理问题的发生。

李增泉、刘凤委、于旭辉（2012）认为，控制性股份的价值由现金流量的要求权和控制权私利两部分构成，虽然流通性的提高总是能提高现金流量权的价值，但由于控制权的专有性，上市流通对控制权价值的影响条件依赖于控制权私利的大小：控制权私利越大，上市流通对控制性股份的价值的影响越小，从而控股股东愿意支付的对价越小。在此基础上从现金流量权和控制权私利两个角度对1 025家已完成股改的公司进行实证检验，结果表明：上市公司所处地区的市场化制度越完善，政府对企业的干预越少，法律保护程度越高，则控股股东谋取控制权私利的能力越低、成本越高，进而在股改中倾向于支付较高的对价以换取流通权，提高其所持股份的现金流量权；反之，处于外部尚不健全的产权法律保护等制度环境会造成控股股东谋取控制权私利的能力大大增强，其所持股份附着的控制权价值将大于现金流量权价值，此时，对于控制性股份来讲，流通股所创造的价值不大，故在股改中倾向于支付较低对价水平。

靳庆鲁、原红旗（2009）构建了中国上市公司治理指数，以截至 2006 年 7 月 31 日已经完成股权分置改革（以下简称股改）的 890 家公司为研究样本，考察了在股改对价的确定过程中，流通股股东是否考虑了公司治理水平的因素。研究结果发现：公司治理水平高的公司，流通股股东会要求较低的对价水平；同时，对于大股东和机构投资者降低对价水平，侵害中小投资者利益的"合谋"行为，公司治理水平高的公司能够显著地降低这种"合谋"带给中小投资者的不利影响。

4. 股改对价"10 送 3 股"现象的形成机理分析

从 2005 年 4 月 29 日到 2006 年 3 月 19 日止，上海证券市场共有 25 批次 346 家（含 29 家试点公司）上市公司公布股权分置改革的详细方案。其中高达 8 716% 的股权分置公司的对价水平都集中在"10 送 2 至 4 股"区间，平均对价水平为"10 送 3 股"，对价水平出现显著的"10 送 3 股""群聚"现象，这也被学者们称为"对价之谜"。王辉（2006）利用无期限讨价还价模型分析流通股和非流通股股东在股权分置改革过程中的博弈行为，并用方案的复杂程度代替投票成本，实证表明股改的复杂程度与对价水平有显著的负相关关系。沈艺峰、许琳、黄娟娟（2006）以不完全竞争市场理论为基础，对上海证券市场 346 家股权分置公司样本进行实证检验，结果表明上海证券交易所前 25 批股权分置公司的保荐市场上，Herfindahl & Hirschman 指数（HH 指数）平均高达 1 411，保荐行业的市场准入难度较大，股权分置公司的对价水平与保荐机构所占市场份额显著负相关。有证据表明，上海证券市场的保荐行业一定程度上属于寡头垄断，而"10 送 3 股"的现象可能是寡头垄断的结果，而不是完全市场竞争的结果。据此，沈艺峰、许琳、黄娟娟（2006）得出了如下两点结论：①我国股权分置中的对价水平不受各公司财务特征的微观变量（例如净资产收益率、净利润率、负债水平、公司总资产以及所属行业等）的影响，却与保荐机构的市场份额以及公司股权集中度等密切相关，说明在我们股权分置改革中，企业的市场成分较少，受其他因素的干预较多；②证券商为了各自的利益，争夺市场份额，往往会迎合大股东的需要，从而导致市场平均对价水平的降低，对中小投资者利益产生不利影响。

与沈艺峰、许琳、黄娟娟（2006）的观点不同，对于前述的股权分置改革过程中大部分上市公司所选的对价水平普遍集中于"10 送 3 股"这一现象，许年行、吴世农（2007）通过收集 526 家实施股改公司的相关资料，运用行为心理学著名的"锚定效应"理论，对股权分置改革中对价的制定和对价的影响因素两大问题进行分析、检验和解释。许年行、吴世农（2007）认为，大部分股改公司之所以不约而同选择"10 送 3 股"的对价，是因为首批 3 家试点公司对价的平均值为 0.316（均值锚），对价的中位数为 0.300（中位数锚），从而为后面进行股改的公司形成了一种"静态锚"效应效应，3.16 即为"锚定值"，同时前一批股改公司对价的平均值又为后一批股改公司形成一种"动态锚"效应，在这种"静态锚"与"动态锚"的交互效应影响下，首批 3 家试点公司后面的上市公司进行股改时所选定的对价平均水平便普遍集中于"10 送 3 股"了。股改对价的"锚定效应"说明股改公司所确定的对价并非是一种完全理性的经济决策行为，而是存在明显的"锚定和调整"行为偏差。许年行、吴世农（2007）进一步研究发现，随着股改进程的加快，股改公司在制订对价方案时越来越多地基于公司的不同特征作出上下调整，锚定效应逐渐减弱；低对价公司在确定对价时受"低锚定值"的影响较大，受其他因素的影响较少，锚定效应较强，而高对价公司在确定对价时受"高锚定值"的影响较小，受其他因素的影响较多，锚定效应较弱。由此，许年行、吴世农（2007）认为投资者应增强与公布低对价水平上市公司的谈判能力，校正其锚定和调整行为偏差对所提对价方案的影响；证券监管部门则应注意加强对低对价水平上市公司的监管，积极引导公司更加理性地制订股权分置改革方案。接下来，本章对锚定效应的基本概念、产生条件等方面进行简单的介绍。

5. 对价形成的锚定效应

1974 年，Tversky 和 2002 年诺贝尔经济学奖获得者 Daniel Kahneman 通过经典的"幸运轮"实验发现了著名的"锚定效应"（Anchoring Effect）现象。实验中的受试者被要求在规定的程序下，短时间内迅速回答这样一个问题："在联合国国家总数中，非洲国家数量占多大比重?"规定的程序是：当受试者转动标有 0 到 100 的幸运轮后，指针会随机地停在某一个数字处，不同的受试者得到不同的数字系列，然后受试者被要求首先回答轮盘上的数字是高于还是低于他们估计的数字，然后说出确切答案。在实验中，估计值受到了幸运轮产生的随机数的深刻影响：当幸运轮随机定在较高数字如 65 处时，受试者经过短暂思考给出的最终平均估计值是 45%；而当幸运轮随机定在较低数字 10 处时，受试者经过短暂思考给出的最终平均估计值是 25%。Tversky 和 Kahneman 将这种现象叫做"锚定和调整"，即认为个体的判断以一个初始值为依据，然后进行上下调整。也就是说，不同的初始值会对以后的数值估计产生重要的影响。"锚定效应"在多主体分散决策中会呈现决策结果的"群聚"

现象。

Chapman 和 Johnson（2002）认为，发生显著的"锚定效应"需要具备一定的条件。他们对"锚定效应"的产生条件主要从以下五个方面来考虑：①受试者对"锚值"的充分注意（attention to anchor）；②锚值与目标值相互兼容（anchor-target compatibility）；③极值锚（extreme anchor）；④意识（awareness）；⑤激励（incentive）。他们指出"锚定效应"可能在如下三个阶段发生作用：在第一阶段，通过记忆或环境收集与目标估计值有关的信息，锚的出现将影响什么样的信息被收集；在第二阶段，整合信息以形成对目标的整体判断，锚将影响整合的过程（如与锚有关的信息将被赋予更高的权重，或者锚本身将作为一种信息而被整合）；在第三阶段，判断通过一定的形式表达出来，锚将影响内在的判断是如何通过外部形式表达出来。

由上节对股改对价"10送3股"现象的分析可知，沈艺峰、许琳、黄娟娟（2006），许年行、吴世农（2007）对此有不同的解释。但是，在股权分置改革中应用"锚定效应"分析的条件完全具备。首先是对价判断形成的不确定性和复杂性。从不确定性角度来看，股改后的股价走向是无法准确预测的，从复杂性角度来看；一个公司的股改牵扯到多方利益相关者的多方问题，诸如股东历史成本之类确实难以厘清。其次是在进行试点先行、分批推进的股改对价形成过程中，有非常明显的锚值形成与结果群聚现象。锚值的大小直接影响"锚定效应"的强度。在股改顺序的选择上，管理当局运用了盈利性较好的公司现行股改策略（张俊喜，王晓坤，夏乐，2006）。由于公司股改的盈利水平与流通股对价显著负相关，股改的初始锚值因而显著降低，产生了降低股改对价支付水平的结果。

"锚定效应"自被发现之后，在实践和学术中得到了重要的应用，包括临床判断（Friedlander 和 Stockman，1983）、房地产价格判断（Northcraft 和 Neale，1987）、协商（Liebert 等，1968；Kristensen 和 Carlillg，1997；Yule，1974）、对风险和不确定性的估计（Plous，1989；Wright 和 Anderson，1959）、对彩票价值的估计（Carlson，1990；ChaPman 和 Johoson，1994）、未来绩效的预测（Czaczkes 和 Ganzach，1996；Switzer 和 Sniezek，1991）以及财政预算的制定等方面。

3.2.3 股权分置改革与投资者的关系

随着"法与金融"研究思潮的兴起，大量研究表明，投资者法律保护与集中股权之间具有一定的联系。而处在股权分置条件下，我国股票市场上一直都是流通股和非流通股并存。我国股权分置改革的历史进程与公司各投资者之间关系的研究越来越为国内学者所重视。

杨丹、魏韬新、叶建明（2008）证明忽视股权分置现实，或者不适当的修正都将导致偏颇的结论，进而提出了一个通用的修正方法，即每股非流通股的价格相当于每股流通股的一个百分比。然后用实际数据对这个百分比的表达式进行了估计，从而对股权分置条件下价格模型与回报率模型进行了修正。结果显示，经过修正后的模型估计优于未修正的模型。在此基础上，他们研究了现在的全流通改革是否公平地补偿了流通股股东。结果显示，对于非流通股比率较小的公司，补偿是公平的，但对于非流通股比率较高的公司，还是存在着大的非流通股股东剥削流通股股东的现象。

与杨丹、魏韬新、叶建明（2008）一样的是，Li 等（2011）研究发现股权分置改革过程中，非流通股股东获得的风险分担收益和非流通股股份进入市场后所带来的价格冲击能够影响最终的补偿比例。Li 等（2007）发现两类股东协商的均衡结果受到非流通股股东谈判能力、公司的非系统性风险和公司绩效的影响。

党红（2008）对股改前后影响现金股利水平的公司治理变量的研究表明，虽然股改矫正了现金股利与增长机会之间的关系，使股改后当存在增长机会时，公司会减少现金股利的发放，但是我国上市公司的现金股利尚未呈现出全流通资本市场上作为降低控股股东与中小股东代理成本工具的现金股利政策应有的特征，突出表现在股改前后影响上市公司现金股利支付水平的股权结构变量并未发生变化，股改前后股权集中度、第一大股东持股比例及第二至第十大股东持股比例与每股现金股利呈显著正相关，而流通（非限售）股比例与每股现金股利呈显著负相关的关系。

股权分置改革完成后，从理论上讲，上市公司的终极控股股东的自身利益会与公司股价直接挂钩，以前基本无成本的"圈钱"行为基本消失，从而会促使控制股东降低现金股利水平。党红（2008）的研究表明：中国股票市场尽管进行了决定性的股权分置改革，但是非流通股限售期的存在导致控制股东的行为仍需要较长的时间才能转化，股权分置改革的效应短时期内不可能将原先的"二元割裂"市场突变为"全流通"市场。

姚颐、刘志远和王健（2007）对我国股权分置改革过程中机构投资者持股对中小投资者利益保护的影响进行了实证研究。为了客观衡量本次股改中流通股股东所获得的对价补偿，姚颐、刘志远和王健（2007）设计了实际对价支付因子，结果发现，在已实施股改的公司中，实际对价支付因子平均仅为

0.42，表明流通股股东所获得的对价补偿并不高。在进一步的实证研究中，姚颐、刘志远和王健（2007）将机构投资者按照基金、券商和 QFII 予以细分，发现三类机构投资者持股比例与流通股股东的对价送达率、非流通股股东的对价送出率以及实际对价支付因子均呈现显著负相关，从而验证了 Pound（1988）提出的机构投资者和上市公司之间奉行的战略合作假说。上述结果表明，在股改过程中，机构投资者并没有实现对中小投资者利益的保护。

廖理等（2009）通过收集截至 2007 年 6 月 30 日已完成股权分置改革的上市公司的相关数据，对机构投资者持股比例与非流通股股东支付对价、非流通股股东股改承诺之间的关系进行研究。研究表明：机构投资者持股比例与非流通股股东支付的对价存在正"U"形关系；机构投资者持股比例越高，非流通股股东作出承诺的可能性越高。这表明机构投资者在股权分置改革中发挥了积极作用，对股改对价有很大的影响，同时也保护了广大中小投资者的利益。

晏艳阳、赵大玮（2006）采用我国股权分置改革中的第一批和第二批试点公司作为样本，以事件研究为基础，进行了累积超常收益率的波动分析、相对交易量的变化分析、公告效应和内幕交易效应的分析。结果发现，这三个不同的分析指标都表明我国股权分置改革中存在较为严重的内幕交易行为。这一结论为加强对证券市场的监管以及给投资策略的选择提供了依据。通过分析，晏艳阳、赵大玮（2006）建议对上市公司在股权分置改革中的内幕交易行为作出更加具体的界定。从法律上对内幕交易行为进行细致界定，有助于规范内幕交易行为。

傅勇、谭松涛（2008）考察了股权分置改革过程中机构投资者与非流通股股东之间的合谋问题以及合谋的可能途径——内幕交易。研究表明：在控制了影响股改对价水平的主要因素之后，机构投资者对方案的赞成比例与股改对价水平之间存在显著的负相关关系，而全体流通股股东以及大个体流通股股东对方案的赞成比例与对价水平之间呈现显著的正相关关系；机构投资者对方案的赞成比例越高，公司的内幕交易程度也越高，而其他流通股股东的表决意见与内幕交易程度之间没有显著关系。这意味着机构投资者与非流通股股东利用内幕交易进行了合谋，合谋的结果使得非流通股股东可以支付一个较低的对价水平，而机构投资者则通过内幕交易获得额外收益。

唐国正、熊德华、巫和懋（2005）通过对《关于上市公司股权分置改革试点有关问题的通知》（以下简称《通知》）的解读发现：《通知》没有支持和保护公众投资者的历史诉求和免受流通股供给冲击的权益，分类表决制度保护了公众投资者免受不利的公司内部影响，支持了流通股股东通过谈判与非流通股股东分享改革产生的利益。然而，没有明确界定的、法律保障的权益，他们难以形成良好的对价预期，改革的结果具有很大的不确定性。唐国正、熊德华、巫和懋（2005）进而运用不对称信息理论和行为金融学理论解释四个首批试点公司股权分置改革方案的公众投资者支持率的差异，并使用事件研究法进行了实证研究。

周县华、吕长江（2008）运用股利代理理论和投资者保护理论解释"驰宏锌锗"的股利分配行为，研究发现"驰宏锌锗"在股权分置改革过程中所进行的股利分配，有严重侵占中小股东利益之嫌。股权分置改革促进了两类股东股票价格的接近，但是不能解决控股股东利用股利分配侵占公司利益的现象，并且在股权分置改革过程中，控股股东可以利用自己的信息优势和决策优势，掌控股改对价、增发价格等关键交易的价格，使得两类股票价格的真实性受到怀疑。由于中国长期依赖的股权分置对非流通股股东影响深远，这种中国独有的特殊性质可能使得改革过程中的股利分配与投资者之间的关系表现出相应的"中国特色"，而这种特色与国外研究得出的"高股利政策会减少代理成本"结论相悖。

陆宇建、张继袖（2008）借鉴社会学和心理学理论，从中小流通股股东角度研究了股权分置改革背景下的投资者关系问题。文章通过构建结构方程模型，为流通股股东对股改程序公正的理解寻找了两个前因：信息披露和反馈的及时性以及流通股股东潜在的影响力。经研究发现，提高信息反馈的及时性和流通股股东的潜在影响力可以改善流通股股东对程序公正的理解，可以改善投资者关系。同时发现，流通股股东对程序公正的理解是信息反馈及时性和流通股股东潜在影响力对投资者关系的中介变量。

3.2.4 股权分置改革效应研究

股权分置改革是对中国资本市场的根本性改变，股改的完成对"同股同权不同价"的非市场机制进行了纠正。股权分置改革对促进中国证券市场的逐步完善和持续发展、为上市公司的治理创造更为公平和理性的环境将产生非常重要的作用。那么股权分置改革对中国的资本市场及上市公司是否产生实际影响？股权分置改革的效应通过何种形式体现出来？股权分置改革的影响能否持久？国内已有部分学者对这些问题展开研究，目前已经有许多成果出现，为巩固股权分置改革的成果以及更好地发展资本市场和完善公司治理提供了诸多有益的借鉴。

丁守海（2006）试图为我国股权分置改革的效应评价提供一种方法。丁守海（2006）将股改以来的时间序列分为三个阶段，利用面板数据模型分析了股权改革对上市公司资产价值的影响。研究结果表明：在股改启动期，股权改革使多数公司的价值得到提升，且提高幅度相近；在新股发行酝酿期，股改效应进一步扩大，但优质公司的扩大速度明显快于其他公司；在股改与新股发行并行期，劣质公司的股改效应迅速回落，而优质公司基本保持稳定。这说明，资本市场的定价功能正在完善，公司价值正趋于理性分化。为确保后期股改顺利推进、巩固已有的股改成果，丁守海（2006）提出了对不同的公司进行分类处理的方法：对于目前条件不具备但是有改进希望的公司，可以适当地放宽股改的时间限制，以提高股改的质量；对于一些整改无望的公司，应该果断将其疏散到次级市场，同时还应适当控制新股发行节奏，并严格控制拟上市公司的质量的政策建议。

张继袖、陆宇建（2006）通过以深圳中小板块 47 家股改公司为样本，研究和分析了股权分置改革第一次停牌前后 10 个交易日和第二次停牌前后 20 个交易日的市场表现及其影响因素。研究结果表明，随着股改批次的增加，累积超常收益率越来越不显著，市场越来越理性和成熟。张继袖、陆宇建（2006）通过研究还发现，对价与累积超常收益率不存在显著关系，但流通股比例以及流通股方案的调整与否对累积超常收益率具有显著的解释作用。

杨善林、杨模荣、姚禄仕（2006）使用剩余收益估值模型估计我国上市公司股票的内在价值，以股票内在价值为基础检验上市公司股权分置改革对股票价格和价值之间的相关性的影响。选择已完成股权分置改革的上市公司为样本，研究表明股权分置改革完成后股票价格和价值之间的相关性有显著的提高，业绩较差公司股价相对价值偏离程度得到一定程度的修正。股权分置改革提高了公司内在价值和价格的相关性，减少了市场中一些其他因素对股票价格的影响，因此股权分置改革在改善股票市场定价机制方面实现了管理层预期的效果。

丁志国、苏治、杜晓宇（2006）利用试点的 46 家上市公司数据计算了流通股股东和非流通股股东在股权分置改革中的超额收益状况，发现股权分置改革在整体上具有财富创造效应，且可能由于股改的制度设计本身，非流通股股东在股改中的获益要超过流通股股东。由此，他们得出结论：在股权分置改革中，非流通股股东和拥有控制权的大股东具有绝对的优势从而处于有利的地位。

刘京真（2006）运用一系列数理模型，揭示了股权分置改革之后，经理人的努力程度在二级市场上的并购后的收益中得到反映。以中小企业板为例，股改后的上市公司的托宾 Q 值明显高于股改前，这也为全流通时期的并购创造了前提条件。

何诚颖、李翔（2007）运用事件分析模型对已完成股权分置改革的一批样本公司的市场反应进行实证检验，认为股改作为一个完整事件，在股改前后的 30 个交易日内，股价的市场反应从统计上是显著的；但在股改方案实施数月后，市场波动特征与实施对价水平的高低和股改方案之间没有太显著的关系；大部分样本公司在实施股改数月后其公司的股价出现了较大幅度的上涨，但主要是与当时的大盘将要进入"牛市"行情有关，表明随着时间逐步推移，上市公司股改效应呈现逐步弱化的趋势。最后根据本书的研究结论提出了相应的政策性建议，即对于那些已经进入股改程序的公司和还没有股改的公司，应该从公司所属行业、未来成长性及非流通股股东进行股改的诚意来制定投资策略。

刘玉敏、任广乾（2007）选取全面股改前 40 批 939 家公司作为有效样本，以超常收益率作为基础度量指标，利用事件研究法，探讨了上市公司股权分置改革的效率，通过对比不同批次、不同交易所和不同板块股权分置改革效率的差别，深入研究了股改效率的影响因素。研究结果表明：股权分置改革对证券市场和上市公司市场价值均产生了积极的影响。高质量公司较多的批次存在较高的超常收益率；深市股东平均要比沪市股东获得较高的超常收益；中小企业板股东的平均超常收益率要远远大于主板市场。

张爱民、常佩佩（2007）对 2005 年宣布进行股权分置改革的 425 家上市公司在股权分置改革过程中的盈余管理行为进行了研究。研究表明：股改方案出台的前一季度，股改公司操控性应计利润显著为负；股改完成的后一季度，股改公司的操控性应计利润显著为正；股改后几批公司比前几批公司有显著性的操控性应计利润；沪市的股改公司比深市的股改公司有更显著的操控性应计利润；低对价股改公司比高对价股改公司有更显著的操控性应计利润。这说明股改没有起到抑制公司盈余管理的作用。

廖理、沈红波、郦金梁（2008）采用主成分分析法构建了包括控股股东、董事会、经理层、信息披露四个维度的公司治理指数（CGI），并研究了股权分置改革对公司治理指数的影响。实证研究发现：①股权分置改革能够显著提高上市公司的公司治理水平；②在公司治理的四个维度中，股权分置改革对控股股东的影响最显著；③终极产权为国有和股权集中的公司，其改善公司治理的动机更强，公司治理水平得到更大的改善；④考虑股权分置改革进度的影响，进一步控制样本的自选择问题后，本书发现股权分置改革的效应正逐步体现出来，已实施股权分置改革的公司比尚未实施股权分置改革的公司在公司治理水平上有更大的提高。

廖理、张学勇（2008）利用中国家族上市公司股权分置改革前后的季度时间数据，实证研究股份全流通纠正终极控制者利益取向的有效性，进而对股改的公司治理效果作出判断。其研究表明：股权分置改革的确导致了大部分家族终极控制权的下降，不过一些家族终极控制者通过收购股权、定向增发等形式来巩固对上市公司的控制权；股改之后家族终极控制者掏空上市公司的程度显著下降。进一步研究发现，股改之后家族终极控制者的掏空动机发生了显著改善。全流通确实有效地纠正了上市公司终极控制者的利益取向。

蔡宁、魏明海（2009）以股权分置改革后"大小非"解禁、减持中的盈余管理为研究对象，通过构建回归模型验证了在原非流通股股东所持股份解禁或减持之前的季度期间，公司的可操控应计显著为正，解禁或减持的规模越大，盈余管理的程度也越强，并且盈余管理的程度与相应期间公司股票的市场表现正相关。这一研究表明，我国证券市场存在以配合减持为目的的盈余管理行为，这一新动因显著区别于过去研究所发现的新股发行、再融资、退市等事件中的盈余管理，同时为理论界和实务界探讨"大小非"的交易监管和信息披露监管指明了新的思路。

廖理、刘碧波、郦金梁（2008）首次对股改限售解禁现象进行了研究，发现在解禁前后股改限售股存在-13%的累积异常收益（CAR），价格下跌主要发生在解禁40天之前。为了解释这种异常收益，廖理、刘碧波、郦金梁（2008）提出了信息发现假说：一是限售协议是缓解非流通股股东与流通股股东之间道德风险问题的一种机制；二是禁售期是普通投资者在没有内部信息的情况下鉴别道德风险的过程。文章认为禁售期是流通股股东的信息发现过程。由于非流通股股东和流通股股东之间存在不对称信息，前者在与后者协商股改方案时有动机扭曲相关信息为自身牟利，或者在方案实施之后从事不利于流通股股东的行为。在禁售期内，流通股股东如果发现公司质量低于股改方案中的预期或者非流通股股东的不当行为，他们会选择在解禁前出售股票以避免更大损失，从而解释了为什么解禁股价格下跌发生在解禁日之前。另外，如果非流通股股东发现公司质量优于预期，他们会选择买入股票，这为某些股票的正、异常收益提供了解释。文章通过回归分析发现，透明度高的股票价格下跌幅度较小，这说明道德风险低的股票价格虚高的部分较小公司基本面的改善与解禁前后收益正相关，证明投资者能够根据禁售期内发现的新信息对股票的道德风险作出判断，并采取相应的持有或卖出决策。另外，信息发现假说的实证结果还支持了中国证券市场的有效性。

许年行、张华、吴世农（2008）用493家已正式实施股权分置改革的公司为样本，运用标准事件研究法，基于不对称信息的"信号理论"，对附加承诺在股改中是否具有信号传递效应进行系统的分析、检验和解释，发现股改方案中"是否有附加承诺"和"附加承诺种数"与股改期间的累积超常收益CAR不存在显著关系，但"附加承诺轻重程度"与CAR呈显著正相关关系，非流通股股东作出的附加承诺越重越严格，则公司在股改期间的市场表现越好，说明"是否有附加承诺"和"附加承诺种数"不具有显著的信号传递效应，而"附加承诺轻重"具有显著的信号传递效应，且该信号为"利好"消息。实证结果还表明6种主要附加承诺在股改中的作用不尽相同，增持承诺、追送承诺和最低流通价承诺这3种较重附加承诺具有显著的信号传递效应，且该信号为"利好"消息；而未来分红承诺为"利空"信号；延长禁售期承诺和最低持股比例承诺不具有信号传递效应。

谭松涛、傅勇（2009）采用双重差分的方法考察了股权分置改革过程中上市公司的股权激励方案对机构投资者投资选择的影响。经研究发现：虽然在股改之后，机构投资者对上市公司的持股比例都增加了，但是机构投资者对那些实施股权激励的上市公司增持的幅度更大。换句话说，机构投资者更倾向于持有那些治理水平较高的公司的股票。

王雪荣、董威（2009）通过建立回归模型分析后股权分置时代机构投资者作为资本市场上实力与能力兼具的股东能否对公司治理产生影响，发现机构投资者作为一个总体并没有参与到公司治理中，其盈利方式仍是通过传统的买卖股票来投机获得收益，以及通过合理的购买股票组合规避风险获得投资超额利润；然而当机构投资者在持有较多股份后，会衡量成本收益，转变成参与公司治理的积极机构投资者。

3.3　国内外研究述评

上述文献分别是从股权分置改革法律基础分析、股权分置改革过程中对价支付问题、股权分置改革与投资者的关系和股权分置改革市场影响等多方面对股权分置改革进行总结分析。上述文献应该说是对中国股权分置改革的开创性研究，许多研究工作对于股改的后续工作有非常重要的参考意义，对于合理、恰当评价股改的成效也起着极其重要的借鉴作用，也为今后的研究工作提供研究思路和方向。然而，以上研究也存在着不足和局限之处。简而言之，这主要体现在以下两个方面：

1. 对股权分置改革的成效研究缺乏系统分析

股权分置改革是中国资本市场上具有跨时代意义的重大事件，影响深远，如何对中国股权分置改革的成效进行客观评价值得学术界和实务界共同探讨。从上述文献中可以看出，各位学者基于当时的研究条件和现实环境，都仅仅分析了股改的某一方面的问题，如股改的对价问题、股改的市场影响等，而上述各个方面又是相互影响的，只有将相互影响的因素联系在一起进行分析，才有可能深入了解影响股权分置改革的因素及其后果。尤其是没有考虑对股权分置改革前后都会产生重大影响的上市公司终极控制权的影响，终极控股股东的性质、持股比例、两权分离度等都可能对股权分置改革产生影响，从而影响股改的效果，这方面的研究亟待展开。当然，对股权分置改革的总体成效评价可能要多年以后才有可能得出，但这并不妨碍目前我们对该问题的前期研究工作。

2. 缺乏对股权分置改革限售期过程中上市公司的公司治理的研究

股权分置改革的根本目的就是消除"股权分置"状态，股权分置改革初步完成后，并不是说影响上市公司多年的问题就彻底解决了，原因在于股权分置改革初步完成后，有一个比较长的限售期（一般为 36 个月），存在"大非""小非"解禁上市流通的问题，因此在限售期中上市公司的控制股东与中小投资者之间的关系并没有得到彻底改善，控制股东的许多行为具有很大的不确定性，特别是对中小投资者来说，小非、大非都是极其严重的威胁。对限售期中上市公司的治理问题特别是上市公司的行为和投资者利益保护问题展开深入研究就显得十分迫切，而这方面的文献又非常缺乏。

第4章 股权分置改革后上市公司终极控制权、现金流量权及其比较研究

4.1 前言

    现有文献关于现代公司的公司治理问题，多数都是基于 Berle 和 Means（1932）在名著《现代公司和私有财产》中提出的所有权和控制权高度分散的假设。他们认为公司的所有权大都分散在小股东之间，而控制权则掌握在管理者手中，因而造成了经营权与所有权分离（传统公司治理研究的逻辑起点）的现象。Berle 和 Means 的观点得到了 Baumol（1959），Jensen 和 Meckling（1976），Grossman 和 Hart（1980）的赞同和进一步发展。然而，自 1980 年以来的相关研究的实证结果却显示出与 Berle 和 Means（1932）不同的观点，研究发现大部分国家的上市公司，其所有权与控制权并未完全分离。根据 Demsetz（1983），Shleifer 和 Vishny（1986）与 Morck 等（1988）的研究，即使是美国的许多大公司，也存在一些所有权集中的现象，而且基本上集中于家族及富有投资者身上；另外在其他的富有经济体中也发现更多显著的所有权集中度，例如在德国、日本、意大利和七个经济合作与发展组织（OECD）国家。其中，发达国家显示出有较高程度的所有权集中度（La Porta 等，1998，1999）。这些研究显示出，在许多国家，其大公司不仅拥有大股东，而且这些股东也都积极从事公司的治理，而此观点和 Berle 及 Means 认为管理者是无责任的想法是不同的。

    La Porta 等（1999）针对全世界 27 个富有经济体的上市公司进行股权结构研究，并按不同控制权标准将上市公司区分成股权分散和具有最终所有者两

种类型。此外，他们还将最终所有者的型态细分成五种类型：①家族或个人（a family or an individual）；②政府（the state）；③股权分散的金融机构（a widely-held financial institution）；④股权分散的公司（a widely-held corporation）；⑤杂项（miscellaneous），例如合作社或无单一控制投资者的群体（共同创业）。经研究发现，在以20%投票权为最终控制型态划分标准与各国最大公司为研究样本下，27个国家的上市公司中，除了美国、英国及日本显示出有较高程度的股权分散比率外，其余国家大都存在最终控制股东，而且其中更有17个国家系以家族为最主要的控制型态，其中又以投资者保护制度较不完善的11个国家显示出有较高的家族控制比率。以东亚四个国家和地区而言，日本与韩国显示出有较高的股权分散比率，中国香港则大多由家族所控制，而新加坡则有半数以上是被政府控制的。Claessens等（2000）参考La Porta等（1999）的研究方法，探讨东亚九个国家或地区总共2 980家公开上市公司的股权结构，结果也发现家族控制广泛存在于东亚公司中，且多数公司的管理有终极控制股东的参与或为其所控制。Faccio等（2002）对欧洲的上市公司进行了类似的研究，发现欧洲除英国、爱尔兰等少数国家之外，上市公司最终控制者为家族的比例大多为50%。除了股权集中的情形之外，La Porta等（1999）和Claessens等（2000）也进一步发现，有许多上市公司的终极控制股东会通过金字塔结构、交叉持股与互为董事等方式达到控制公司的目的，并因此而出现控制权与现金流量权偏离一股一权的不合理现象，并使得其所掌握的控制权超过其所拥有的现金流量权。在此情况下，终极控制股东就有可能通过转移收益和掏空公司资产等方式，侵占小股东的财富，并产生道德风险与逆向选择的相关代理成本。Anig和Najah（2007）以加拿大的上市公司作为样本对企业的最终所有权结构进行研究，发现大型企业里的中小投资者的利益更容易被剥夺，加拿大上市公司的股权结构不同于美国和英国上市公司的股权结构。由于所有权和控制权的分离，超额控制权的存在更有可能会产生代理问题及大股东剥夺中小股东利益的情况。Jannine Poletti Hughes（2009）分析了终极控制权和投资者保护对西欧国家所选样本公司价值的关系，研究说明公司会采取措施使得终极控制权可以克服受国家法律影响的公司价值下跌风险和提供一些投资者保护。

刘芍佳、孙霈、刘乃全（2003）在2002年4月对我国1 160家上市公司的控股股东情况进行了问卷调查，对返回问卷的1 105家上市公司的股权结构进行了分析，在建立了新的股权结构分类方法的基础上对它们的终极控制股东属性及其对公司绩效的影响进行了较为系统的研究，得出了有重要意义的结论。

曹廷求、杨秀丽、孙宇光（2007）通过比较中间所有权和终极所有权不同的计量方法，分析股权结构的不同特征、终极控制人的不同性质和级别及其对公司绩效的影响，他们认为，无论是采用哪种计量方法，股权结构集中度都与公司绩效呈现左低右高的"U"形曲线关系；省级政府和地方政府控股对公司绩效产生显著的负向影响。叶勇等（2007）经研究发现我国上市公司普遍存在着隐性终极控制股东，并通过金字塔结构等方式使其终极控制权与现金流量权产生偏离，且偏离幅度与上市公司的市场价值负相关，不同类型的终极控制股东控制的公司有显著差异。王永海、张文生（2008）经研究发现终极控制人的现金流量权与控制权的偏离程度越高，上市公司财务风险越高。同时，终极控制人的性质亦会影响上市公司的财务风险。石水平和石本仁（2009）运用终极产权论追踪上市公司的终极控股股东，分析了我国家族金字塔结构下的终极所有权对投资者关系管理和企业价值的影响，发现投资者关系管理与家族控股股东的控制权负相关，与现金流量权正相关，与超控制权负相关，投资者关系管理与企业价值正相关。

　　本书试图通过多元回归实证分析回答三个问题：股权分置改革后中国上市公司终极控制股东的终极控制权结构如何？股改后的终极控制权结构与股改前有何差异？终极控制股东是否获得了超过其现金流量权的控制权，通过何种手段获得的？为了回答以上三个问题，本书收集了在深圳和上海上市的 1 315 家上市公司的终极控制股东的最终所有权数据。

4.2　数据来源及处理方法

1. 几个基本概念

　　为了更好地理解文中关于终极控制股东、现金流量权和控制权的内容，有几个基本的概念需要加以说明。现金流量权是指上市公司股东通过付出的现金流而取得的权利，有的文献称为所有权（郎咸平，2004）。控制权是与投票权相对应的，有多大的投票权就有多大的控制权（包括直接控制权和间接控制权）。现金流量权和控制权偏离是指控制权超过现金流量权而导致两者不相等。沈中华（2002）对这两个概念的解释相当清晰。他举例说，当一位股东实际持有某一家银行股票，这可称为"直接持股"，但如果这个股东转投资另一家公司，而这公司又再投资这银行，这部分就形成了"间接持股"，也就是"直接持股"是直接登记在控制者名下的股权，"间接持股"是登记在第三者名下，但其实也是受同一个控制者所控制的股权。我们可以称此同一控制者为控制型股东。由于控制型股东通常会经由好几家公司对该公司持股，所以间接持股的计算方式是先计算各间接持股中最小的股份，再将这些最小的股份加总。而现金流量则是股东对其投资公司所要求的股利。在间接持股中，现金流量是指股份相乘，这是股东实际可以得到的股利，但换句话说，这也代表股东实际投入的资金，也就是他实际拥有的股份。所以 La Porta 等（1999）所称"一股一权"中的"股"是控制型股东资金投入后所取得的实际股份，以"现金流量"为代表；"权"是实际投票权，包括经由"直接持股"与"间接持股"取得的投票权，我们称为"最终控制权"，而这样"一股一权"的方法符合"出多少钱，拥有多少权"的观念。

直接持股 = 控制型股东直接持有的股权

间接持股 = $\sum$ [min（控制型股东间接持有的各种股权）]

最终控制权（即实际投票权）= 直接持股 + 间接持股

现金流量（即实际持股）= 直接持股的现金流量 + 间接持股的现金流量

2. 现金流量权和控制权的计算

要想知道上市公司终极控制股东的控制权是否超过其拥有的现金流量权，需要知道如何具体计算终极控制股东拥有的控制权和现金流量权。根据 La Porta 等（1999）提出的计算方法，我们举例如下：如果甲（自然人或法人）直接持有上市公司乙的35%的股份，那么甲对上市公司乙的现金流量权和控制权都为35%，两者之间没有偏离。如果甲持有公司乙的30%的股份，乙持有丙上市公司20%的股份，那么甲对上市公司丙的控制权为20%[min（30%，20%）]，现金流量权为30%×20% = 6%，且在20%的水平上，甲对上市公司丙具有控制权，虽然它仅仅拥有6%的现金流量权。这种情况被称为金字塔结构持有。如果甲持有公司乙的30%的股份，乙持有丙上市公司20%的股份，同时甲又直接持有丙12%的股份，那么甲对上市公司丙的控制权为32%[min（30%，20%）+ 12%]，现金流量权为12% + 30%×20% = 18%。如果甲持有公司乙的30%股份，乙持有丙上市公司20%的股份，同时丙又直接或间接持有甲5%的股份，则称为交叉持股。

3. 数据来源

本课题以2007年12月31日深圳和上海证券交易所上市的 A 股上市公司为分析样本（B 股和 ST 公司除外）。数据来源于上海万得资讯系统（www.wind.com.cn）、CCER 数据库、CSMARA 数据库及《中国证券报》有关公告、巨潮资讯。我们首先从上海万得、《中国证券报》和巨潮资讯收集到全部上市公司的公告，再将其中涉及股权结构的内容一一挑出，并进行汇总，最后画出每一家上市公司的终极控制股权结构图，终极股东追踪到政府、家族（个人）和一般法人（集体企业、事业法人和共同创业的公司）三种类型。上市公司的控制权和现金流量权的偏离主要是由两种原因造成的：一是上市时即有偏离；二是上市后由股权发生转移造成的。截至 2007 年 12 月 31 日，深圳和上海证券交易所上市的公司（A 股）共有 1 315 家，其中上海有 840 家，深圳有 475 家。

4.3 加强控制的方法

上市公司的终极控制股东为了加强对公司的控制，往往会采取不同的方法和手段。朱羿锟（2001）通过总结发现能够使上市公司现金流量权和控制权产生偏离的手段和工具有 26 种之多。从世界各个国家或地区上市公司的现状来看，主要有金字塔结构、交叉持股、独家控制和成为经理层等几种方式。金字塔结构是最为常用的一种方式。Berle 和 Means（1932）在分析美国公司所有权和控制权分离时已经提到其中很多工具，但有些工具在美国并不存在。Edwards 等（2009）强调了控制权和现金流量权的区别，但是并没有提出一种度量方法。同时，这 26 种工具并不是在每一个国家都合法，有些工具适用于股东大会阶段，有些则适用于董事会和监事会阶段，如德国的共同参与制就是在监事会层面而非股东大会层面。朱羿锟（2001）对这 26 种工具进行了如下总结。

（1）多数议决。这是指绝大多数决议均以多数同意获得通过，而不是一致通过。多数议决使得所有权和控制权分离。

（2）组织形式。有些公司形式本身就具有所有权和控制权分离的效果。比如德国的两合公司，参与公司经营管理的股东承担无限责任，不参与公司经营的股东则只承担有限责任。是否为中小型企业、上市公司等，在所有权与控制权分离方面均具有不同的意义。

（3）章程的激励。公司章程可以订立有关控制权条款，比如章程径行指定董事会成员。当然，其他分离工具也可能以公司章程规定形式出现。

（4）一股多票（黄金股份和两栖股份）。在许多欧洲大陆国家，公司可以发行多种有表决权的股份，而不是同股同权的一种股份。比如，有些股份的面值的每个单位只享有 1 票，而别的股份可能每个单位享有 100 票。有些国家，公司可以发行多种类型的股份，但是其中部分股份比如黄金股份享有多票表决权。英国和西班牙在私有化过程中，为了保护国家股利益和公共利益，就发行了黄金股份，由国家专门享有。

（5）无表决权股份。几乎所有国家均可以发行没有表决权的股份，比如优先股。当然，无表决权股份往往与收益权优先相联系。各国通常对无表决权股份占总股份的比例设有限制。早在19世纪末期，美国公司开始将其股份区分为多种类型，最著名的就是普通股和优先股，有的干脆明确地区分有表决权股份和无表决权股份。

（6）最高表决权限制。这种工具有利于公司所有权分散，不管该股东持有多少股份，其能够行使的表决权不能超过特定比例，就是说设有上限。在美国，自汉密尔顿开始美国联邦政府和各州政府在实行一股一权时，一般对股东表决权实行限制，借以制约大股东权力。在19世纪中期，分段表决权制度和最高表决权限制，是当时用以制约大股东权力的普遍手段。欧洲在同一时期也采用了同样的做法。美国自19世纪末期，基本上实现了一股一票制度，取消了对股东表决权的限制。然而，欧洲各国步伐慢得多，没有任何一个国家完全对股东表决权进行限制。至今，欧洲大陆国家和东亚部分国家或地区仍然允许设置最高表决权限制。

（7）不与出资挂钩的表决权。有些欧洲大陆国家如比利时，允许特定公司发行特种所有权证明，其持有者并没有出资，但是享有收益权和表决权。不过，这种股份不得超过公司总股份的特定比例。

（8）投资基金和养老基金。美国投资基金的资金来自其出资者，投资基金通过专业人士购买并管理各类公司股份。如果这些基金根本就不参与其持股公司表决，所有权和控制权实际上完全分离。在欧洲大陆，投资基金为金融机构所拥有，投资合同和有关法律均没有要求基金在行使表决权时征求其出资者意见，这些基金要么根本就不行使表决权，要么声称以出资者最佳利益行使表决权。可见，所有权与控制权分离度同样很大。

（9）表决协议。公司股东可以通过订立协议，约定以何种方式行使表决权。

（10）优先权协议。股东之间经常订立协议，在其处分股份时相互赋予优先权。

（11）期权合约。其效果与优先权协议类似。

（12）股份保管。股东往往将其股份寄存于金融机构，让其保管。保管合同往往让金融机构代表其行使表决权。虽然，法律要求金融机构行使表决权时要征求其客户意见，但是很少有股东利用此机会发表意见。实际上，金融机构越俎代庖，包办行使其客户表决权。这在德国和奥地利十分普遍。德国银行自身在工商业公司持股并不多，代表其客户行使委托投票权大幅度提高了其在公司治理结构中的影响力。

（13）股份担保。股东可能以其股份或表决权进行担保。在担保期间，所有权与控制权分离。

（14）分期支付合约。股东可能通过订立分期支付合约，出售其股份或表决权。但是，其价款不是一次支付。在这类合约中，表决权可能一并出售，或者由卖方行使表决权。

（15）控制合约。许多国家允许公司订立控制合约；一旦订立此合约，公司控制权由控制公司行使，而不是由其股东行使。

（16）基金会和协会。在有些欧洲国家，尤其是荷兰，公司将其股份发行给基金会，这些基金会保留这些股份的表决权，但是将其收益权发行给普通公众。从表面上看，该公司并没有发行无表决权股份，但实际上近乎100%的股份都无表决权。

（17）库存股票。一些国家允许上市公司回购自己的股份，在注销之前，由公司行使其表决权。这无疑进一步增强了公司控制者的支配地位。

（18）交叉持股。一些限制交叉持股的国家，同样有很多采用交叉持股，比如欧洲的德国、意大利、西班牙、比利时，亚洲的日本和韩国（La Porta等，1998）。1994年，德国最大的100家公司中，爱怜氏保险公司、贴现银行和德意志银行是最大股东，爱怜氏保险公司和德意志银行的持股分别占市场融资量的4.87%和3.43%。比利时上市公司也通过交叉持股，持有自己股份的比例较高。有31家上市公司存在自己持股，其中4家自己持股超过10%。如果再加上上市公司的股东，总共有84家公司存在自己持股，其中14家自己持股超过10%。日本富士集团在42家公司有交叉持股273个。韩国公司交叉持股的比例高于东亚平均水平，为9.4%。马来西亚和新加坡分别为14.9%和15.7%。值得注意的是，为了规避法律限制，交叉持股一般不采用双向高比例持股方式，而是多个公司之间连环持股。

（19）金字塔集团。通过金字塔集团层层控股，可以以最少资金控制尽量多的资源。金字塔链条愈长，其成员愈多，所有权和控制权的分离度愈高。意大利、法国和比利时公司倾向于采用金字塔结构，只需集中很少所有权，即可集中公司控制权。据统计，1992年意大利有56%的工业公司采用金字塔集团结构，1996年比重稍低一些，为53%。金字塔集团的分布与公司规模成正相关关系。凡是雇员在1 000人以上的公司几乎都采用此结构，中小型公司中采用金字塔集团结构的比重也较高。金字塔结构在东亚公司中同样普遍。如果以

20%作为控制标准，各国平均有 40.8%的公司的控制者采用金字塔结构控制公司。其中：印度尼西亚采用金字塔结构的比例最高，为 66.9%；新加坡公司采用金字塔结构的比例也较高，为 55%。

（20）影响力。虽然不是公司股东，或不拥有表决权，但是由于其特定身份，同样可以对公司施加影响力，比如公司的大客户、大供应商或债权人，可以利用其实际影响将代表安插到公司董事会或监事会，德国银行就是最典型的例子。

（21）共同参与制。企业委员会或共同参与制赋予公司职工一定的控制权，但是职工并非因为拥有公司股份而行使控制权。德国和荷兰是在双层董事会强制实行共同参与制的典型代表，卢森堡、法国、瑞典、丹麦等国家则是在单层董事会强制实行共同参与制。

（22）董事长。在双层董事会结构中，尤其是有共同参与制情况下，监事会主席拥有决定性投票权，从而使所有权和控制权相分离。

（23）交叉董事。交叉董事不仅可以分离所有权和控制权，而且可以进一步巩固上述各种分离工具。这在世界各国均存在。1989 年和 1992 年，德国分别只有 14%和 12.8%的监事担任了 33.3%和 48.61%的监事职务，只有 12.8%的公司没有因为共同监事而与其他公司形成关联关系。德国股份指数 30 家公司有 60%以上的股东代表监事至少兼任其中另一家公司的监事。在企业集团中，这种关系更是俯拾即是。在日本公司监事会的外部监事中，至少有 70.6%的外部监事来源于系列企业集团、大股东、银行和保险公司，以及系列企业和大股东以外的主要交易伙伴。美国销售额在数十亿美元以上的公司的董事中，有 86%是其他公司总裁或高层管理者。

（24）表决成本。所有权愈分散，表决成本愈高，搭便车问题就愈严重，股东大会出席率也愈低。这是因为公司有关决议是否通过，是以到会人数多数赞成为准，即多数决议。

（25）委托投票权。世界各国都有委托投票权制度，1999 年 5 月经济合作与发展组织（OCED）通过的《公司治理结构原则》明确规定，股东可以自己亲自投票，也可以委托他人代为投票，其效力相同。各国有许多基本相似的规定，但由于各国证券市场等发展阶段不一，不同国家有各具特色的规范。意大利不允许本公司及其子公司职工、董事会成员、外部审计员和银行代表充当委托投票人。在德国和奥地利则主要是银行以托管人身份代表其客户行使表决权，其委托投票权增强了现有优势表决权力量，其表决权能够增加 10.1% ~ 47%。在英美国家，主要是公司现任董事长或经营者收集委托投票权。

（26）累计投票权。累计投票权增加小股东股份的含金量，使其获得一股多于一票的表决权。自 19 世纪末期开始，美国小股东就获得累计投票权。伊利诺斯州率先设立累计投票权,直到 20 世纪初共有 18 个州采用该制度,还有许多州明确认可这种做法(Gordon,1993)。

以上是 26 种控制股东增强对公司控制权的方法。当然,对于一个具体的上市公司而言,不必每一种方法都同时使用。表 4-1 是东亚、西欧和中国公司增强控制权的手段分析。

表 4-1 东亚各国和地区、西欧和中国上市公司增强控制权的手段
(所有样本,占总数的百分比)

国家和地区	公司数量	Own=20%Con	金字塔结构	交叉持股	独家控制	成为管理层
中国香港地区	583	19.71	25.1	9.3	69.1	53.4
印度尼西亚	253	19.17	66.9	1.3	53.4	84.6
日本	1 749	20.00	36.4	11.6	87.2	37.2
韩国	760	20.00	42.6	9.4	76.7	80.7
马来西亚	621	19.14	39.3	14.9	40.4	85.0
菲律宾	216	18.71	40.2	7.1	35.8	42.3
新加坡	266	20.00	55.0	15.7	37.6	69.9
中国台湾地区	382	19.61	49.0	8.6	43.3	79.8
泰国	454	19.82	12.7	0.8	40.1	67.5
奥地利	88	18.96	20.78	1.14	81.82	80.00
比利时	104	20.00	25.00	0.00	71.15	80.00
芬兰	92	15.42	7.46	0.00	41.30	69.23
法国	522	19.93	15.67	0.00	64.75	62.20
德国	631	18.83	22.89	2.69	59.90	61.46
爱尔兰	26	18.91	9.09	0.00	42.31	77.78
意大利	181	18.38	20.27	1.13	58.76	70.00
挪威	98	19.05	33.90	2.04	38.78	66.67
葡萄牙	68	20.00	10.91	0.00	60.29	50.00
西班牙	465	20.00	16.00	0.22	44.30	62.50
瑞典	149	9.83	15.91	0.67	48.32	73.47
瑞士	155	15.26	10.91	0.00	68.39	70.00
英国	721	19.14	21.13	0.00	43.00	75.85
总计	8 584	18.63	27.14	3.94	54.85	68.16
中国	1 315	20.00	3.65/95.67	0.61	24.64	26.62

注:资料来源于 Claessens,S.,S. Djankov,J. Fan,and L. H. P. Lang. The Separation of Ownership and Control in East Asian Corporations [J]. Journal of Financial Economics,2000,58:81–112 和 Faccio,Mara & Larry Lang. The Ultimate Ownership of Western European Corporations [J]. Journal of Financial Economics,2002,65:365–395。中国的上市公司资料是根据上市公司公告中披露的数据整理而得到的。

东亚各国和地区、西欧和中国的上市公司主要通过表4-1中显示的二元股份结构、金字塔结构、交叉持股、独家控制和成为经理层等几种方式来增强对公司的控制权。中国没有公司采用二元股份结构,这主要是由于中国的法律不允许。日本、韩国、新加坡、比利时、葡萄牙和西班牙也没有公司采用二元股份结构。瑞典采用二元股份结构的公司最多,9.83%的所有权就可以控制20%的投票权。在采用金字塔结构方面,东亚各国和地区及西欧的公司平均有27.14%的公司采用,最高的是印度尼西亚,高达66.9%,最低的是芬兰,仅有7.46%的公司采用。La Porta 等(1999)给金字塔的定义中有一条是"必须有一层是上市公司",严格按照La Porta 等(1999)的标准,中国只有3.65%的公司满足要求。本书借鉴刘芍佳(2003)的观点,放松了金字塔结构中必须有一层是上市公司的假定;如果放松假定,则中国有95.67%的上市公司采用金字塔结构来增强对公司的控制权,是各个国家和地区中最高的。从表4-1中可以看出,交叉持股是采用最少的控制方式,东亚各国和地区及西欧的公司平均为3.94%,最高的新加坡也只有15.7%的比率,比利时、芬兰、法国、爱尔兰、葡萄牙、瑞士和英国7个国家甚至没有公司采用这种方式。中国的上市公司中也只有区区0.61%的公司有交叉持股的情形。独家控制是一种应用非常广泛的方法,东亚公司和西欧国家平均有54.85%的公司采用这种方法,其中日本以87.2%排在第一,菲律宾的公司使用最少,但也有35.8%的比率。

中国的上市公司平均有24.64%的公司是独家控制(本书借鉴 Claessens 等(1999)的方法,即无论是否存在持股10%以上的次大股东,只要控制股东控制股份达到50%以上就认为其是独家控制),高于东亚和西欧公司13%,其原因主要是由于中国的上市公司主要是国有企业,目前仍有66.08%的上市公司终极控制股东是政府;国有上市公司在上市时,由于政府要保持对公司的控股地位和股民的认购率较低,因此流通股比率较低,控制股东的独家控制率较高。至于在控制股东参与上市公司的管理从而增强控制权方面,东亚和西欧的公司使用率相当高,平均达到了68.16%的比率,印度尼西亚以84.6%排第一,日本公司为37.2%,是最低的国家,中国则只有26.62%,远低于东亚和西欧公司68.16%的平均水平,甚至低于日本的37.2%,是各个国家和地区中最低的,其原因在于中国的上市公司只被要求公布公司高级管理人员在十大股东中任职情况,许多在终极控制股东或控制链条中任职的人员、被终极控制股东委托在上市公司任职而没有在非控制股东单位任职的人员就没有披露,所以,中国26.62%的比率应该说是远低于实际水平的。

表 4-2　　　　　　　　　三种类型终极控制股东的主要控制方式

控制股东类型	公司数量	金字塔结构（%）	独家控制（%）	控制层级（均值）	隐性控制（%）
政　　　府	870	96.55	30.04	2.56	31.19
特殊法人	90	88.89	12.22	2.50	61.11
家　　　族	355	95.21	14.65	2.68	84.23
合　　　计	1 315	95.67	24.64	2.59	47.53

从表 4.2 中可以看出，在金字塔结构这种控制方式下，全部上市公司总体水平为 95.67%，在政府作为上市公司终极控制股东的情况下，通过金字塔结构方式控制上市公司的比例为 96.55%，家族通过金字塔结构方式控制的上市公司比例为 95.21%，特殊法人作为终极控制股东的比例为 88.89%，形成这种差别的原因在于政府控制的上市公司在上市前基本都是大型国有企业，政府一般不太愿意直接持有上市公司股份，而较多地通过其他国有企业、政府控制的投资公司、科研机构等间接持有，即使这些控制链条上的控制权和现金流量权都是 100%。而家族企业相对实力较弱，为了控制上市公司他们一般采用控制权和现金流量权偏离的方式间接地非独家地控制上市公司。还有一个原因也许是家族类在证监会强制要求披露上市公司终极控制股东前不太愿意直接暴露在公众面前，便于他们对上市公司的操控。在独家控制方式下，全部上市公司总体水平为 24.64%。在政府作为上市公司终极控制股东的情况下，通过独家控制方式的控制比例为 30.04%，家族类上市公司通过独家控制方式的控制比例为 14.65%，特殊法人作为终极控制股东的比例为 12.22%，形成这种差别的原因在于政府控制的上市公司在上市前基本都是大型国有企业，政府基于对国有资产的绝对控制、社会资本的不足等原因导致政府在许多上市公司的控制比例超过 50%，而家族类上市公司由于资本的限制、规避风险等原因选择了相对控制，独家控制的比例就比较低。从控制层级来看，全部上市公司总体水平为 2.64，具体而言，几种终极控制股东控制下的上市公司差别不是很明显。在是否以隐性方式控制上市公司方面，全部上市公司总体水平为 47.53%，在政府作为上市公司终极控制股东的情况下，隐性方式的控制比例为 31.19%，家族类上市公司通过隐性方式的控制比例为 84.23%，特殊法人作为终极控制股东的比例为 61.11%，形成这种差别的原因在于家族的资本相对较弱，同时为了减少风险，因此，在控制上市公司时，一般多采用与其他股东合作的方式，即以隐性控制的方式来控制上市公司。

4.4 所有权结构的例子

La Porta 等（1999）针对全世界 279 个富有经济体的上市公司进行股权结构研究，并按不同控制权标准将上市公司区分成股权分散和具有最终所有者两种类型。此外，他们还将最终所有者的型态细分成五种类型：①家族或个人（a family or an individual）；②政府（the state）；③股权分散的金融机构（a widely-held financial institution）；④股权分散的公司（a widely-held corporation）；⑤杂项（miscellaneous），例如合作社或无单一控制投资者的群体（共同创业）。Claessens 等（1999）和 Faccio 等（2002）参考 La Porta 等（1999）的研究方法，分别就东亚九个国家或地区和欧洲的上市公司进行了类似的研究，结果也发现家族控制广泛存在于东亚公司中，且多数公司的管理同时为终极控制股东所参与和控制。

本书借鉴了 La Porta 等（1999）的分类方法。同时，为了更好地理解上市公司最终控制权的各种所有权结构，我们首先列举几个上市公司股权结构的例子，包括香港的李嘉诚集团，瑞典 Nordstrom 家族、Realia 公司，中国国际海运集装箱（集团）股份有限公司（000039），重庆市迪马实业股份有限公司（600565）和江苏江淮动力股份有限公司（000816），烟台新潮实业股份有限公司（600777）。

第一个例子是香港的李嘉诚集团，见图 4-1。李嘉诚集团包括了 25 家公司，其中和记黄埔（Hutchison Whampoa）是市值第二大的公司，长江实业（Cheung KONG）是第六大的公司，香港电灯（Hong Kong Electric）排名第十三。利用图中的资料可以识别香港电灯（Hong Kong Electric）和道亨银行（Dao Heng Bank）的最终所有权和控制权。Claessens 等（2000）指出李嘉诚家族有一个最终控制股东，其有 34% 的投票权和 2.5% 的现金流量权。其控制链条为：Cheung Kong—Hutchison Whampoa—Cavendish International—Hong Kong Electric，控制链条中最弱的一环是：Cavendish International 控制 Hong Kong Electric 34%。Dao Heng Bank 有两个控股人：拥有 36% 控制权和 25.2% 现金流量权的 Kwek Leng Chan（通过控制国浩控股间接控制 Dao Heng Bank）及拥有 12% 控制权和 3% 现金流量权的李嘉诚家族（通过控制 Cheung Kong 间接控制 Dao Heng Bank）。在 10% 的控制权标准下，Kwek Leng Chan 和李嘉诚家族各获得 Dao Heng Bank 50% 的控制权，但是在 20% 的控制权标准下，Dao Heng Bank

的控制股东变为只有 Kwek Leng Chan 一家独家控制，其控制方式为隐性控制。

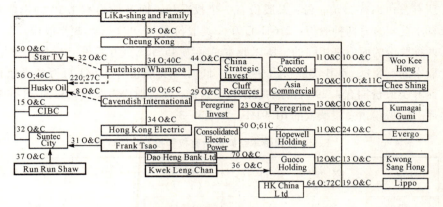

图 4-1　李嘉诚集团（香港）

注 1：主要股东在粗线方框中显示。所有权股份以"O"表示，控制权股份用"C"表示。金字塔控股用实线表示，交叉控股用虚线表示。在任何给定的分支上，如果所有权和控制权有所不同，这意味着这部分股份有超额投票权。Star TV, Husky Oil, CIBC, Cheung Kong, Hutchison Whampoa, Cavendish International, Hong Kong Electric, China Strategic Invest, Dao Heng Bank, Consolidated Electric Power, Pacific Concord, Peregrine, Hopewell Holding, Guoco Holding, Woo Kee Hong, Kumagai Gumi, Evergo, Kwong Sang Hong, Lippo 都是上市公司。Suntec City, Cluff Resources, Peregrine Invest, Asia Commerical, HK China Ltd. 和 Chee Shing 都是紧密持有型公司。

注 2：资料来源于 Claessens, S., S. Djankov, J. Fan, and L. H. P. Lang. The Separation of Ownership and Control in East Asian Corporations [J]. Journal of Financial Economics, 2000, 58: 81–112.

图 4-2 显示了瑞典 Nordstrom 家族的二元股份和金字塔结构。该家族所有持股超过 5% 的股东都被列出来了。

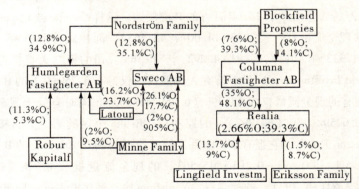

图 4-2　瑞典 Nordstrom 家族股权控制图

注：资料来源于 Claessens, S., S. Djankov, J. Fan, and L. H. P. Lang. The Separation of Ownership and Control in East Asian Corporations [J]. Journal of Financial Economics, 2000, 58: 81–112.

Claessens，S.，S. Djankov，J. Fan 和 L. H. P. Lang（2000）指出图 4-2 中的所有公司都有二元股份：A 股份有一个投票权，而 B 股份有 1/10 的投票权。样本公司有着两种股份：2.641 百万 A 类股份和 42.922 百万 B 类股份。A、B 两种股份的面值是相同的，所以股本总额为 45.563 百万股份。A 类股份占总股本的 5.8%，而 B 类股份占 94.2%。同时 A 类股份有 2.641 百万的投票权，而 B 类股份拥有 4.292 百万的投票权。这样，A 类股份占总投票权的 38.09%，而 B 类股份占总投票权的 61.91%。如表 4-3。

表 4-3　　　　　　Realia **公司资本结构中所有权和投票权的计算**

种类	股份数（百万）	投票权	票数（百万）	股本比重（%）	投票权比重（%）
A 股份	2.641	1	2.641	5.8	38.09
B 股份	42.922	1/10	4.292	94.2	61.91
全部	45.563		6.933	100	100

股东	A 股份（百万）	B 股份（百万）	所有权（%）	控制权（%）
Columna Fastigheter	1.933	14.007	35.0	48.1
Lingfield Investments	—	6.259	13.7	9.0
Eriksson Family	0.591	0.101	1.5	8.7

注：资料来源于 Claessens，S.，S. Djankov，J. Fan, and L. H. P. Lang, 2000. The Separation of Ownership and Control in East Asian Corporations[J]. Journal of Financial Economics，2000，58：81-112.

Claessens 等 （2000 ） 指出 Realia 公司有三个直接股东：Columna Fastigheter，Lingfield Investments 和 Eriksson Family。Columna Fastigheter 有 1.933 百万的 A 类股票和 14.00 百万的 B 类股票。这样 Columna Fastigheter 就拥有 35% 的现金流量权 [（1.933+14.007)/45.563]，而控制着公司 48.1% 的投票权 [（1.933+1.401)/(2.641+4.292)]。Realia 公司的第二大直接控制股东是 Lingfield Investments，它没有持有 A 类股份，仅持有 6.259 百万的 B 类股份，因此它拥有的现金流量权为 13.7%（6.259/45.563），同时有低于现金流量权 9.0% [0.6259/(2.641+4.292)] 的控制权。Realia 公司的第三大直接控制股东是 Eriksson Family，它拥有 0.591 百万的 A 类股份和 0.101 百万的 B 类股份，同时有 1.5% [（0.591+0.101)/45.563] 的现金流量权和 8.7% [（0.591+ 0.010)/(2.641+4.292)] 的控制权。Nordstrom 家族通过 Columna Fastigheter 控制 Realia 公司，在 20% 下限的条件下成为 Realia 公司的唯一终极控制股东。然而，在 10% 下限的条件下，Blockfield Properties 将成为第二大股东，其控制方式为隐性控制。在 Realia 公司的控制结构中，有两个金字塔链条：Nordstrom

Family/Columna/Realia 和 Blockfield/Columna/Realia。

　　本书接着给出三个中国上市公司的例子。第一个例子是中国国际海运集装箱（集团）股份有限公司（000039），这是一家在上海证券交易所上市的公司。如图4-3所示：

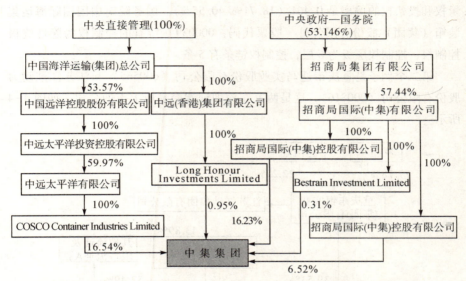

图4-3　中国国际海运集装箱（集团）股份有限公司（股票代码：000039）

　　图4-3显示了中国国际海运集装箱（集团）股份有限公司（000039）的股权结构图。中国国际海运集装箱（集团）股份有限公司是一家在深圳证券市场上市的海运公司。中国远洋运输（集团）总公司持有本公司16.54%的股权，通过全资附属公司Long Honour Investments Limited持有本公司0.95%的股权；招商局国际（中集）投资有限公司持有本公司16.23%的股权，同时Bestrain Investment Limited持有本公司0.31%的股权，招商局国际（中集）控股有限公司持有本公司6.52%的股权，招商局国际（中集）投资有限公司、Bestrain Investment Limited和招商局国际（中集）控股有限公司都是招商局国际有限公司的全资附属公司，招商局集团有限公司是招商局国际有限公司的控制股东，因此招商局集团有限公司实际持有本公司23.01%的股权。从十大股东来看，中国国际海运集装箱（集团）股份有限公司是由两个股权基本平均持有的外资法人控制的股权制衡非常好的上市公司，但我们追踪到隐性终极控制股东层面后发现，招商局集团有限公司最终是由国务院直接控制的，中国远洋运输（集团）总公司也是由中央直接管理的国有企业，因此，中国国际海运

集装箱（集团）股份有限公司（股票代码：000039）实际上是由国家控制的，国务院是该上市公司的终极控制股东。国家在该上市公司股东大会上最终的投票权至少应为 40.55%（16.54%＋0.95%＋16.23%＋6.52%＋0.31%），现金流量权为 18.71%（53.57%×50.97%×16.54%＋0.95%＋23.01%×57.44%），现金流量权和投票权的偏离是 0.461（18.71%/40.55%）。国务院对中国国际海运集装箱（集团）股份有限公司（股票代码：000039）持有的控制权为隐性终极控制权，控制权层级为 6 层，控制权链条有 5 条。

第二个例子是重庆市迪马实业股份有限公司（600565）和江苏江淮动力股份有限公司（000816），这是两家在深圳证券交易所上市的公司，如图 4-4 所示：

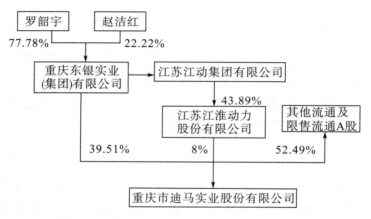

图 4-4　重庆市迪马实业股份有限公司（股票代码：600565）的股权结构图

图 4-4 显示了重庆市迪马实业股份有限公司（600565）的股权结构图。从图中可以看出，重庆市迪马实业股份有限公司（600565）的控制股东是重庆东银实业（集团）有限公司，占 47.51%（39.51%＋8%）的股份，而重庆东银实业（集团）有限公司的控制股东是自然人罗韶宇先生，控制了 77.78% 的股份，所以罗韶宇先生通过重庆东银实业（集团）有限公司间接控制了重庆市迪马实业股份有限公司，且不存在交叉持股。下面我们计算一下罗韶宇先生作为终极控制股东对上市公司重庆市迪马实业股份有限公司的控制权和现金流量权。

重庆市迪马实业股份有限公司有一个终极控制股东罗韶宇先生。罗韶宇先生通过持股的方式间接控制了重庆市迪马实业股份有限公司。罗韶宇先生对上市公司的最终控制权为 47.51%（39.51%＋8%），而付出的现金流量权仅仅为

33.44%（77.78%×39.51%+77.78%×99%×43.89%×8%），投票权与现金流量权的偏离为 33.44%/47.51%＝0.704。罗韬宇先生对重庆市迪马实业股份有限公司持有的控制权为隐性终极控制权，控制权层级为 3 层，控制权链条有 2 条。

第三个国内的例子是烟台新潮实业股份有限公司（600777），这是一家在深圳证券交易所上市的公司，股权结构图见图 4-5：

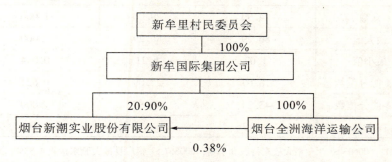

图 4-5　烟台新潮实业股份有限公司（股票代码：600777）的股权结构图

图 4-5 显示了烟台新潮实业股份有限公司（600777）的股权结构图。新牟里村民委员会通过新牟国际集团公司以及烟台全洲海洋运输公司这种金字塔结构控股方式，实现了对烟台新潮实业股份有限公司（600777）的最终控制，没有出现交叉持股的情况。新牟里村民委员会对烟台新潮实业股份有限公司（600777）的投票权为 21.28%（20.90%＋0.38%），现金流量权为 21.28%（20.90%＋0.38%），现金流量权和投票权没有偏离。新牟里村民委员会对烟台新潮实业股份有限公司持有的控制权为显性终极控制权，控制权层级为 3 层，控制权链条有 2 条。

4.5　描述性统计分析

本书通过整理每一家上市公司控制链条，分别计算终极控制权和现金流量权，绘制出每一家上市公司终极控制股权图谱，详见表 4-4 和表 4-5。

表4-4　　　　　　　　上市公司的现金流量权、控制权及其比值

	现金流量权（%）	控制权（%）	现金流量权/控制权
均值1	39.33	43.67	0.890
均值2	31.02	37.71	0.810
中值	28.62	36.32	1.000
标准差	17.02	15.46	0.261
众数	24.99	29.00	1.000
最大值	86.29	86.29	1.000
最小值	1.02	6.21	0.044
第1四分位数	18.07	25.09	0.621
第3四分位数	43.24	49.87	1.000
样本数	1 313	1 313	1 313

注1：600603 ST兴业最大股东持股0.82%，000557 ST银广夏最大股东持股4.83%，均不够5%，因此不予统计。

注2：均值1的数据是2003年年报1 259家上市公司的数据，其余数据为2007年年报数据。

　　表4-4显示了中国上市公司中拥有5%以上控制权的公司的现金流量权、控制权及其比值。从表中可以看出，在1 313家样本公司中，终极控制股东拥有的控制权平均为37.71%，而其投入的现金流平均只有31.02%，也就是说，终极控制股东投入的现金流量显著小于其获得的控制权，有6.69%的差异，现金流量权和控制权的比值均值为0.810。现金流量权和控制权的绝对值都比较大，说明在中国的证券市场上，上市公司的终极控制股东要想控制一家上市公司平均要取得37.71%的控制权和31.02%的现金流量权。另外，控制权的最大值是86.29%，最小值是6.21%，现金流量权的最大值是86.29%，最小值是1.02%，两者的差别巨大。而2003年的年报数据显示，我国上市公司终极控制股东拥有的控制权平均为43.67%，而其投入的现金流平均有39.33%。也就是说，从2003年度至2007年度，上市公司的终极控制股东的控制权和现金流量权的比例均有大幅度的降低，当然，其中的一个重要原因是由于股权分置改革中控制股东向流通股股东支付了大量的股份对价，从而造成控制权和现金流量权比例的双双下降。

表 4-5　不同终极控制股东类型的上市公司的现金流量权、控制权及其比值

	现金流量权（%）			控制权（%）			现金流量权/控制权		
	政府	家族	特殊法人	政府	家族	特殊法人	政府	家族	特殊法人
均值 1	45.47	23.92	30.09	48.25	35.87	35.68	0.941	0.672	0.846
均值 2	35.81	21.83	20.92	40.51	32.84	29.91	0.886	0.652	0.701
中值	34.19	19.12	16.94	40.67	29.39	27.13	1.000	0.698	0.821
标准差	16.18	14.54	14.64	15.19	14.35	15.02	0.207	0.282	0.323
最大值	86.29	79.5	62.33	86.29	79.72	80.14	1.000	1.000	1.000
最小值	1.86	1.54	1.02	6.21	6.93	8.50	0.090	0.086	0.044
第 1 四分位数	23.48	10.72	8.99	28.07	22.05	18.54	0.849	0.409	0.436
第 3 四分位数	47.85	29.32	29.04	51.41	42.15	38.45	1.000	0.900	1.000
样本数	870	355	88	870	355	88	870	355	88

注：均值 1 的数据是 2003 年年报 1 259 家上市公司的数据，其余数据为 2007 年年报数据。

　　表 4-5 显示了我国资本市场上不同终极控制股东类型的上市公司的现金流量权、控制权及其比值。从表 4-5 中可以看出，在 2003 年，就公司控制权而言，政府作为终极控制股东平均控制上市公司 48.25% 的控制权，显著高于家族（35.87%）和一般法人（35.68%），现金流量权也具有类似的特征。而现金流量权与控制权的比值中，政府为 0.941，是偏离最小的，其次是一般法人，为 0.846，偏离最大的是家族，为 0.672。由此说明，家族式上市公司投入了相对较少的现金流量，却取得了相对较多的控制权，与我国家族企业的情况相符。政府在其控制的上市公司中拥有的现金流量权和控制权都是最大的，原因在于上市公司大多数是由国有企业改制上市的，上市之初政府的控制比例就比较高，且政府在许多公司倾向于绝对控制。家族企业在其控制的上市公司中拥有的现金流量权和控制权都是比较小的，原因在于家族企业能够投入的现金流量是有限的，而且家族企业在控制上市公司时为了规避风险，往往倾向于相对控制即可，但通过金字塔结构等方法却可以取得更多的控制权，这点从家族企业的现金流量权和控制权的比值（0.672）上就可以看出。而在 2007 年，情况发生了很大的变化，就公司最终控制权而言，政府作为终极控制股东平均控制上市公司 40.51% 的控制权，下降了 7.74%，现金流量权的下降幅度更大，从 45.47% 下降到 35.81%，下降了 9.66%。现金流量权和控制权的偏离度也从 0.941 下降到 0.886。政府控制的上市公司终极控制权和现金流量权产生下降

的主要原因在于股权分置改革中控制股东向流通股股东支付了大量的股份对价，但是股改也促进了政府控制公司两权分离度的提高，控股股东从股改中获取了一定的控制权私利。同时家族作为控股股东的上市公司，终极控制权从35.87%下降到32.84%，现金流量权从23.92%下降到21.83%，二者的下降幅度相差不大，两权分离度也没有较大的变化（从0.672下降到0.652），表明股改虽然促使家族控股股东终极控制权的降低，但是现金流量权也得到了同等幅度的降低，没有导致两权分离度较大的变化。从表4-5中还可以看出，2007年年底我国证券市场共有1 315家A股上市公司，其中1 313家有5%的控制股东。在1 313家上市公司中，终极控制股东共划分为三种类型，政府作为终极控制股东控制的上市公司为870家，占66.26%，家族类控制的上市公司为355家，占27.04%，特殊法人控制的上市公司为88家，占6.70%。

第5章 公司治理结构与股改对价关系实证研究

多年以来，我国股票市场的一大特征就是流通股股份和非流通股股份并存。这种基于中国特殊国情下的股权结构，使得我国上市公司不同于其他国家的上市公司。股票要求"同股同权，同股同利"，但股权结构的特殊性，使得我国的流通股股东和非流通股股东出现了"同股不同权，同股不同利"的尴尬局面。持有不同的股份，成本差异巨大，流通权也不同，但其他权利基本相同。差异的存在，造成两类股东之间分配严重不均问题。股权分置改革应运而生。2005年4月29日，证监会发布公告，拉开了股权分置改革的序幕。同年5月10日，首批试点股权分置改革公司三一重工公布了其股权分置改革说明书。随后，大规模的股权分置改革开始。截至2008年12月31日，共计1 327家上市公司67个批次完成了股权分置改革，其中包括65批正式股改公司和2批试点公司。

实施股权分置改革的三年多时间里，国内关于股改的研究文献也不断出现。股改的核心是对价。所谓对价，是英美法系合同法中的重要概念，指一方为换取另一方做某事的承诺而向另一方支付的金钱代价或者得到该种承诺的承诺，是针对买方而言的概念。而对价支付，是指非流通股股东为获得股票流通权而向流通股股东支付的补偿。那么，对价是如何确定的，投资者又是如何界定对价的合理性呢？有人认为股改成功了，也有不少人认为就目前来看，股改带来的冲击相当大，很难说是否成功。事实上，股权分置改革最终的结果如何，都要由市场决定，这需要时间来检验。

总体说来，股权分置改革的目的就是要解决长期以来在我国存在的一大顽疾——股权分置问题。股权分置使不同性质的股东获得的利益不同，承担的义务不同，参与企业决策和管理的权利也不对等。解决股权分置问题，也就是要解决公司治理中存在的问题，包括公司与股东、高管、董事会以及其他利益相关者的相互作用中产生的问题。我们主要研究的就是公司治理结构问题，通过分析公司治理结构中的三大组成部分即股东、董事会及高管对股改对价的影响。1998年，经济合作与发展组织（OECD）将公司治理结构定义为：公司治理结构是一种对工商业公司进行引导和控制的体系。公司治理结构应明确规定公司各个参与者的责任和权利分布，诸如董事会、经理层、股东和其他利益相关者。同时应提供一种结构，用以设置公司目标并提供为达到这些目标和监控运营的手段。可见，公司治理结构的不同会影响到公司的治理水平，从而反映公司的价值，并进而影响到股权分置改革中非流通股股东支付的对价水平。

那么，公司治理结构中的哪些因素会影响到对价的支付？各因素的影响程度如何？在终极控制股东类别不同的情况下，各类企业的流通股股东获得的对价是否不同？本章正是针对这些问题来展开研究的。

5.1 文献综述

公司治理问题是近年来的热门研究问题。现代的公司治理问题，基本都是基于Berle和Means（1932）在名著《现代公司和私有财产》中提出的所有权和控制权高度分散的假设。他们认为，公司的所有权大都分散在小股东之间，而控制权则掌握在管理者手中，因而造成了经营权与所有权的分离现象。在当事人的自利动机下，产生了代理理论（Jensen和Meckling，1976）。根据Shleifer和Vishny（1986）与Morck等（1988）的研究发现，即使是美国的许多大公司，也存在有一些所有权集中的现象，而且基本上集中于家族及富有投资者身上。其他很多国家的企业也有较高的股权集中度。这些研究表明，大股东广泛存在，并积极从事公司治理。La Porta等（1999）沿着所有权链条追溯谁拥有上市公司的最大投票权时，发现很多国家的上市公司都存在着唯一的终极控制股东，且许多国家上市公司终极控制股东的控制权会超过他们的现金流量权，并因此得到与他所持有的股份比例不相称的比一般股东多的额外收益（Fama和Jensen，1983；Jensen和Ruback，1983；De Angelo H和De Angelo L，1985；Demsets和Lehn，1985）。也就是说，终极控制股东的存在是一个比较普遍的问题。家族企业由于其现金流量权和投票权的分离度更大，对股票市场有明显的负面影响，但机构投资者的存在能够减轻这种负面影响（Shao-chi Chang等，2008）。Gongmeng Chen等（2008）研究了我国上市公司控制权转移对企业绩效的影响作用（这种转移包括股权从一个国有企业转移到另一个国有企业，以及股权从国有转为私有两种方式），发现控制权私有化能够提高企业的经营业绩，并认为中国政府应降低其持有的份额，转移上市公司的控制权，以提高企业的盈利能力和效益。Kireev（2007）则认为俄罗斯A股市场的控制权开始出现是在20世纪80年代末。过去的二十年间，股票市场高度发展，但仍冲突频繁，市场为一些负面因素所拖累，例如贪污腐败、法律缺陷、政治不稳定、商业界普遍缺乏尊重等。转型经济时期，俄罗斯的一种新现象就是无论是正式的还是非正式的团体，都在努力地试图控制其他经济体。国家应该建立有效的政策来促使投资者们选择以创新为基础的发展模式来促进俄罗斯经济的发展。Faccio等（2002）对欧洲上市公司的研究也表明，除了英国、爱尔兰等少数国家之外，上市公司最终控制者为家族的比例大多为50%。上市公司的终极控制股东通过交叉持股、金字塔结构和互为董事的方式达到控制公司的目的，使其持有的投票权超过其拥有的现金流量权（Jensen 和 Meckling，1976；Claessens 等，2000）。

Attig 和 Najah（2007）以加拿大的上市公司为样本对企业的最终所有权结构进行研究，发现大型企业里的中小投资者的利益更容易被剥夺，加拿大上市公司的股权结构不同于美国和英国上市公司的股权结构。由于所有权和控制权分离，超额控制权的存在更有可能会产生代理问题及大股东剥夺中小股东利益的情况。Gelter 和 Mark（2007）则将公司控制权问题和政治权力进行结合，为公司治理问题的研究提供了新的视角。Van Apeldoorn 和 Bastiaan（2007）等从政治经济学角度研究了欧盟的公司控制权市场化问题。文中提到，正如欧盟委员会成员查理·麦克里维所强调的那样，欧盟目睹了其公司治理体制的变革。公司治理的核心问题是公司控制权和所有权问题。在控制权市场上，商品交易将公司的控制权和股权紧紧捆绑在一起，并在外部公司治理机制中发挥着越来越重要的作用。作为一次尝试，欧盟发起和推动并制定了相应的监管框架，旨在进一步加强市场对企业的控制。Holm 等（2007）从外部审计的角度探讨了风险和控制权的发展在公司治理中是否改变了外部审计的作用。此外，Hanson 和 Robert（2006）研究发现，内部控制机制薄弱的企业可能会进行过度投资，但公司剥离有助于改进这个问题。股东通过资产出售获得的收益和内部控制机制的强弱有关。而且，股东参与管理越多，董事会成员主要是外部董事时，股东获得的收益越多。在我国上市公司中，终极控制股东也广泛存在。我们最终选用的949个样本企业中，国有控股企业654家（68.91%），其中地方政府控股企业440家（67.28%），中央政府控股企业214家（32.72%），非国有控股企业则为 295 家（31.09%）。

国内关于公司治理及终极控制权的研究也很多。例如，通过比较中间所有权和终极所有权不同的计量方法，分析股权结构的不同特征、终极控制人的不同性质和级别及其对公司绩效的影响。结果表明：无论采用哪种计量方法，股权结构集中度都与公司绩效呈现左低右高的"U"形曲线关系；省级政府和地方政府控股对公司绩效产生显著的负向影响。又因为终极控制权的存在，以致其与企业的现金流量权发生偏离，并影响企业价值（曹廷求，杨秀丽，孙宇光，2007）。我国上市公司普遍存在着隐性终极控制股东，并通过金字塔结构等方式使其终极控制权与现金流量权产生偏离，且偏离幅度与上市公司的市场价值负相关，不同类型的终极控制股东控制的公司有显著差异（叶勇等，2007）。董迎（2000）认为：我国公司治理结构体系上存在着总体框架尚未形成明确的制度体系，股东层面缺少与现实股权结构相适应的控制机制，董事会有效行使职权的基本规则不完善，经理人员的管理权责、激励与约束制度不健全等问题。上市公司存在诸多问题，表明我国上市公司治理结构建设亟待有效推进。委托代理理论认为，委托人和代理人的利益冲突使得经理人员很有可能损害公司利益和股东利益，即使是公司制度比较完善的发达国家也是这样。鉴于此，邢建国（2005）将伦理参数导入公司治理的机制体系，建立了一个扩展的"二维治理结构"，指出"治理伦理"标准化和职能化以及提高伦理治理强度是改善公司治理绩效的关键环节之一。阎达五、谭劲松（2003）研究发现我国上市公司的独立董事制度有两方面的缺陷：一是"先天的制度缺陷"；二是"后天的人为缺陷"。因此，要有相应的外部和内部公司治理制度以及相关公司治理制度与独立董事制度配套，并要完善我国目前的上市公司独立董事制度。吴寿康（2007）基于大股东所属产权类型，从理论和实证两方面对我国上市公司股权结构对企业价值的影响进行研究。结果表明，第一大股东持股比例对企业价值的影响呈倒"U"形态；较之于其他类型，私营产权控股股东对企业价值的影响要显著很多。国家股控股在所有行业中的企业价值贡献一般，在竞争性行业中的企业价值表现要比所有行业差，表明国家资本应该退出竞争性行业，但是应该在非竞争性行业控股。私营产权控股在竞争性行业中的企业价值达到最大，远高于其他类型控股股东的企业价值表现。白重恩等（2005）考虑了公司治理的内外部机制，通过编制一个反映上市公司治理水平的综合指标——G 指标，研究治理水平与上市公司价值之间的关系，发现治理水平高的公司其市场价值也比较高。

国内有关股权分置改革问题的相关研究也很多，主要是对价的确定依据及影响因素分析。苏梅、寇继淞、陈富赞（2006）认为，股权分置改革可以视做非流通股股东与流通股股东之间就获得流通权支付对价问题展开的博弈，且股权分置改革是一个完全信息动态博弈过程，并就股东间博弈的行为、博弈过程中股东的收益、股东的策略选择、博弈结果对市场平均对价水平的影响进行了论述，同时对2005年已完成股改的上市公司进行实证分析。该文认为博弈过程促使股改双方均选择了最佳策略——提出合理的对价。丁志国、苏治、杜晓宇（2006）根据政策中性原则与套利分析理论推导出市场均衡条件下的股权分置改革对价公式，对46家试点公司和进入全面股改后推出的前两批72家公司对价方案进行剖析，认为部分上市公司对价支付比例明显不合理，并利用博弈论的观点分析了试点公司不合理对价方案获得高票通过的原因。最后，对上市公司股权分置改革的时机与成本关系进行了定量分析，认为在一个相对较短时间内解决股权分置问题，对于非流通股股东而言最为经济。饶育蕾、徐艳辉（2008）从行为博弈的角度，用EWA学习模型研究了其对价均衡的形成机理，并对均衡的形成过程进行了模拟。模拟结果表明EWA学习模型成功捕捉了对价均衡的形成过程，说明股权分置改革对价博弈是一个基于策略学习的博弈过程。对模型参数的分析表明博弈双方即非流通股股东和流通股股东具有极强的学习能力，但这种学习仅为对过去经验的纯策略学习；同时非流通股股东制订方案时对策略收益赋予较小的权重，说明决策双方博弈地位的不对等在很大程度上决定了不公平对价均衡的形成。

关于股权分置改革对价支付的影响因素，沈艺峰、许琳、黄娟娟（2006）以不完全竞争市场理论为基础，通过对上海证券交易所346家实施股权分置改革的公司研究发现股改对价水平主要集中在"10送2股"和"10送3股"之间，呈现显著的"群聚现象"，并且"10送3股"的现象很可能是保荐行业寡头垄断的结果，而不是市场完全竞争的结果。赵俊强、廖士光、李湛（2006）则通过模型推导和实证分析探讨了流通股股东和非流通股股东在股权分置改革中的利益分配状况，发现大多数完成股改的公司其两类股东均获得增量收益、实现"双赢"，但股改收益未能在两类股东间均分，并且认为非流通股比重、公司业绩、公司成长性、非流通股转成流通股份额等因素是影响上市公司股改实际对价水平的重要因素，股改方案集中体现了公司的经营能力和未来成长能力的重要性。吴超鹏等（2006）从投资者保护和价格压力说角度，区分流通股股东的对价送达率和非流通股股东的对价送出率，分析了影响对价支付的因素，发现非流通股持股比例越高的公司，流通股股东获得的对价越高，但非流通股股东支付的对价越低。有附加承诺时，对价送出率和送达率均显著降低。

丁志国、苏治、杜晓宇（2006）根据政策中性原则和套利均衡理论推导出了市场均衡条件下的对价公式，研究认为部分公司对价支付比例明显不合理，并利用博弈论观点分析了试点公司不合理对价方案获得高票通过的原因，认为在较短的时间内实施股权分置改革对流通股股东最为有利。冯根福（2004）则依据双重委托代理理论，探讨了进一步完善上市公司治理的基本思路和设想，即为了有效地降低公司的第一类代理成本，必须改变在我国上市公司中国有股"一统天下"的格局，还应强化对管理者的激励和约束力度；为了降低第二类代理成本，各省应成立一个独立董事协会或者是其他组织，来代替中小股东行使对代理人的监控。许年行、吴世农（2007）运用行为心理学著名的"锚定效应"理论，从股权结构、股改方案的特征、公司业绩等方面研究了股改对价的影响因素，并区分不同的批次进行了分组研究。杨丹、魏韬新、叶建明（2008）的研究结果显示：对于非流通股比率较低的公司，补偿是公平的；但对于非流通股比率较高的公司，还是存在着大的非流通股股东剥削流通股股东的现象。

股权分置改革是我国特有的问题之一，对于股权分置改革效应的研究文献大量集中在国内。廖理、沈红波、郦金梁（2008）发现已实施股权分置改革的公司比尚未实施股权分置改革的公司在公司治理水平上有更大的提高。廖理、张学勇（2008）进一步发现，股改之后家族终极控制者的掏空动机发生了显著改善。刘玉敏、任广乾（2008）研究指出，股权分置改革不但通过股东行为、董事会、经营者激励约束机制等内部治理因素，而且经由资本市场定价机制、控制权市场并购重组机制及监督约束机制等外部治理因素，对上市公司整体治理的优化产生影响。刘浩、李增泉、孙铮（2010）讨论了描述控股股东掏空和援助行为的数学模型，结合对控股股东股权可转让性的考察，认为股权分置改革有利于遏制控股股东掏空。乔志城、刘丹（2007）通过引入一个二阶委托代理模型，探讨股权分置改革对公司治理的效率增进，发现股权分置改革有助于避免激励合约的不确定性，增强委托人之间以及委托人与代理人之间的目标一致性，有效提升公司治理绩效。然而，也有部分研究对股权分置改革正面的市场效应提出了质疑。张伟强、王珺、廖理（2008）认为，尽管投资者能在短期内获利，但从长期的角度考虑，全流通带来的市场恐惧并没有得到很好的化解。股权分置改革中存在的内幕交易和市场操纵进一步降低了市场的公信力。田满文（2007）通过研究股改前后累积超常收益率（CAR）、超常换手率（AAT）的变化趋势，发现股权分置改革中的信息泄漏导致了内幕交易和市场操纵的行为，严重影响了资本市场的效率，认为必须强化信息披露和加强监管才能促使股权分置改革顺利完成。张耀伟（2009）发现，终极控制股东两权偏离对公司治理具有显著的负向效应，其负向效应随终极控制股东现金流权比例的提高而趋于降低，公司治理对公司价值具有显著的正向效应。

以上相关文献分别研究了公司治理结构、终极控制权问题和股权分置改革中的对价问题以及股权分置改革的市场效应。但这些文献仅分别研究了股改对价的一个方面，或者是终极控制权对企业价值的影响等，并没有将终极控制权与股改对价结合起来考虑，这为我们的研究提供了启发。因此，本书试图通过另外的角度来分析影响股改对价的因素，确定对价支付水平，并结合终极控制权分析不同终极控制股东企业其股改对价是如何变化的，以及公司治理结构的其他变量对股改对价的影响。

5.2　理论分析与假设提出

终极控制权广泛存在且各国的控制权结构不同（Kireev，2007；Attig 和 Najah，2007；Van Apeldoorn 和 Bastiaan，2007；叶勇等，2007）。所有权和控制权的分离，必然伴随着超额控制权的产生，由此可能产生一系列代理问题和大股东剥夺中小股东利益问题。不同的控制权结构下，企业的终极控制股东不同。不同的终极控制股东类型，对企业价值的影响不同（Shao-chi Chang 等，2008；Gongmeng Chen 等，2008；曹廷求，杨秀丽，孙宇光，2007；叶勇等，2007；吴寿康，2007）。家族企业的现金流量权和投票权的分离度大，对其价值有负面影响（Shao-chi Chang 等，2008；叶勇等，2007）；上市公司控制权由国有转移为其他形式后，能够提高其盈利能力和效益（Gongmeng Chen 等，2008）；省级政府和地方政府控股对公司绩效产生显著的负向影响（曹廷求，杨秀丽，孙宇光，2007）；国家股控股在所有行业中的企业价值贡献一般，在竞争性行业中的企业价值表现要比所有行业差，私营产权控股在竞争性行业中的企业价值达到最大，远高于其他类型控股股东的企业价值表现（吴寿康，2007）。

比较研究后我们发现，公司控制权的不同会明显影响企业的价值。因此，上市公司的终极控制股东不同时，其不同的治理机制也很可能会影响到股改过程中对价的支付水平。Firth 等（2011）认为由于政府希望尽快完成改革，国有股作为政府干预市场力量的主体将会推动改革的迅速完成，国有股的存在降低了非流通股股东的谈判能力，使得最终补偿比例变高。基于以上论述，国有控股情况下，由于最终的所有权归属于国家，不像其他类型控股的企业一样，所有权比较明确，股东能够更加积极地参与到公司的治理事务中，国有控股的企业更容易出现效率低下、缺乏活力的问题，国有企业的激励机制、约束机制也比较差，不如非国有控股企业的激励机制和约束机制好，因而其企业绩效与后者相比较差一些，流通股股东要求支付的对价当然会较高。非国有控股企业对于国有企业的优势主要是决策过程比较短，反应灵活，机制也比较灵活。国有企业的决策要经过一段冗长的讨论、申报、审批过程，反应比较慢。其他企业则更加灵活，激励机制与约束机制都比国有控股企业的好。因此，总体看来，国有控股企业不如非国有控股企业。基于以上分析，我们提出假设一：

H1：上市公司终极控制股东为国有控股时，流通股股东获得的对价较高；终极控制股东为非国有控股时，获得的对价较低。

股权分置改革过程就是利益在流通股股东和非流通股股东之间的分配过程。大部分样本公司中两类股东均获得增量收益，实现"双赢"；在两类股东均获得增量收益的公司中，股改的增量收益未能在两类股东之间实现利益均分（赵俊强，廖士光，李湛，2006）。那么，在只有流通股股东或非流通股股东获得增量收益的公司以及两类股东均获得增量收益但增量收益未在两类股东之间实现均分的公司中，必然存在着不平等的现象。因此，我们认为，某类股东获得较多的利益建立在牺牲另一方利益的基础之上。哪方的议价能力强，持股比例高，哪方获得的利益就多于对方。我们选取前十大流通股股东的持股比例之和作为流通股股东持股比例的代理变量。因为流通股股东绝大部分是散户，由于持股比例低，很多中小流通股股东实际上并不关心企业的发展，他们更多情况下是持投机的态度，若对公司股价不满意，则"用脚投票"。并且，持股比例过低，也会使他们对公司的股改无能为力，这类股东并不能发挥多大的影响力。只有那些持股比例高的流通股股东，才能产生足够大的影响力。因此，我们提出假设二：

H2：前十大流通股股东的持股比例与股改对价成正相关关系。

曹廷求、杨秀丽、孙宇光（2007）的研究表明，股权集中度与公司绩效呈现左低右高的"U"形曲线关系，说明在一定程度上股权集中度越大，公司绩效越低。随着第一大股东持股比例的上升，控股股东的控制权由于支付对价而受到削弱的程度逐渐减少，因此愿意支付较高的对价（许年行，吴世农，2007）。我国上市公司的控制权私利高于世界主要国家的平均水平，且远高于普通法系国家的平均水平（唐宗明，蒋位，2002；叶康涛，2003；施东晖，2003）。在本书中，我们选用终极控制股东的持股比例作为股权集中度的代理变量，且这个指标能够很好地界定终极控制股东对公司的控制能力。因为上市公司的前十大股东之间，有可能存在着关联方关系，上市公司的终极控制股东有可能同时控制了前十大股东中的某几个股东，或者是前十大股东中几个股东存在着亲属关系，使得其控制权更集中，这时公司的股权集中度往往比较高，流通股股东参与公司事务的能力受到更多限制。于是我们得出假设三：

H3：上市公司的终极控制股东持股比例与流通股股东获得的对价成正相关关系。

除了非流通股比重、公司业绩、公司成长性、非流通股转成流通股份额等因素是影响上市公司股改实际对价水平的重要因素外，股改方案还集中体现了公司的经营能力和未来成长能力的重要性（赵俊强，2006）。这就是说，流通股股东在与非流通股股东讨价还价的过程中，还会考虑到公司的经营能力等因素。而一般情况下，投资者普遍都会用净资产收益率来衡量公司的经营能力。公司的经营能力越好，资产获利能力越高，流通股股东要求的对价越低。本书选用股改前一年的净资产收益率作为特征变量研究其与股改对价之间的关系。于是我们得出假设四：

H4：股改前一年的净资产收益率与股改对价成负相关关系。

此外，独立董事比例越高，相对更多的独立董事在公司治理事务中能发挥出他们的治理优势，将公司治理得越好，流通股股东要求的对价就越低。独立董事比例越高，公司面对的外部监督治理力度越强，也越能获得投资者的青睐，因而该类公司能够支付较低的对价。"经济人"假设认为，人是要为自己谋取经济利益的社会人。因此我们认为，高管人员的持股比例越高，越有可能为他们自己谋取私人利益而损害广大投资者的公共利益，高管持股比例越高的企业越有可能存在道德风险和代理问题，这些公司会被要求支付较高的对价。值得注意的是，在完成股权分置改革的公司中，大部分公司非流通股股东除了法定最低承诺外，都作出了不同程度的额外承诺。不同额外承诺作为"信号"传递公司相关信息的强弱程度不同（张华，吴世农，许年行，2006），非流通股股东作出的附加承诺越重、越严格，其对公司价值和未来的发展前景越有信心，流通股股东越有可能获得更高收益，公司在股改期间的市场表现将越好。额外承诺实际上也是非流通股股东给予流通股股东的另外一种补偿方式。所以说，承诺变量的存在，必然也会影响到对价的支付水平，这种影响对流通股股东来说是有利的。

5.3 研究设计

1. 实证检验模型的建立及变量定义

我们通过建立多元回归模型实证检验公司治理结构与股改对价之间的关系。变量定义见表5-1：

表 5-1   **模型中相关变量的定义**

变量类型	变量名称	变量定义
因变量	股本对价（CONS）	指上市公司的流通股股东每持有 10 股流通 A 股可获得的由非流通股股东支付的股份的数量。若公司采取的是非纯送股方案，则股本对价为综合考虑各方案后，统一折算为每持有 10 股流通 A 股所获得的非流通股股东支付的股份数
自变量：公司治理结构变量	终极控制股东（IFSTATE）	上市公司终极控制股东的类别；国有控股 = 1，否则 = 0
	是否中央控股（CENTER）	国有控股企业中，样本企业是否为中央控股；是 = 1，否则 = 0
	治理环境是否较好（GOOD）	用世界银行治理环境指数表示；治理环境较好 = 1，否则 = 0
	终极控制股东持股比例（CONTROL）	上市公司终极控制股东持股比例
	前十大流通股持股（TOP$_{1-10L}$）	股权分置改革前一年年末非终极控制股东持有流通股比例最大的前十位股东持有的股票数量占总股本的比例
	独立董事比例（OUTRATE）	股权分置改革前一年董事会中担任独立董事的人的比例
	高管人员持股比例（TOPGG）	股权分置改革前一年年末公司全部高级管理人员，包括董事、监事和高管所持有的股票总数占总股本的比例
	是否为隐性终极控制权（HID）	上市公司的股权结构是否为隐性终极控制权；是为 1，否则为 0
	偏离度（DR）	上市公司现金流量权与控制权的比值
自变量：特征变量	股改前一年的净资产收益率（ROE）	指上市公司股改前一年的年报中公布的净资产收益率，为净利润与所有者权益的比值

表5-1(续)

变量类型	变量名称	变量定义
自变量：承诺变量	锁定承诺（LOCK）	上市公司控股股东是否作出法定最低承诺外的锁定承诺（如更长的禁售期、限定减持价格、限定减持比例等）；是=1，否则=0
	追送承诺（PLUS）	上市公司控股股东是否作出追送承诺；是=1，否则=0
	未来分红承诺（DIVID）	上市公司控股股东是否作出未来分红承诺；是=1，否则=0

注：股权分置改革之前，公司前十大流通股股东很可能也属于前十大股东且持有非流通股股份，但文中在考虑流通股股东持股份额对股改对价的影响时，不考虑前十大流通股股东的非流通股股东身份，仍将其作为流通股股东的组成部分。

2. 数据来源及样本选择

我们的数据来源于 CCER 上市公司股权分置改革数据库，CSMAR 数据库，《中国证券报》、中证网和全景网公布的公司年报，《股权分置改革说明书》及其他相关公告。截至 2008 年 12 月 31 日，沪深证券交易所共有 1 327 家 A 股上市公司（其中深市 517 家，沪市 810 家）完成股权分置改革，计 67 批次（包括 2 批试点公司和 65 批次正式股改公司），最终选取的 949 家（占 2008 年年底已完成股改公司数的 71.51%）样本公司中，制造业公司占了 504 家，占已选用样本数的半数以上；股改对价主要集中在"10 送 2"到"10 送 4"之间的样本企业共 785 家，占已选用样本数的 82.72%，最高对价为"10 送 12.23"，实际上对价在"10 送 5"以上的仅 8 家，最低对价仅为"10 送 0.054"，其余的公司均在"10 送 5"以下，绝大多数公司的对价在"10 送 3"左右波动。另外，国有控股企业 654 家（68.91%），其中地方政府控股企业 440 家（67.28%），中央政府控股企业 214 家（32.72%）。至于股权分置改革对价的支付方式则多种多样，包括公积金转增、送股、送现、回购、送权证、缩股、资产重组、债务重组等。有的企业只采用一种方案，有的企业则采用多种方案结合即综合方案。我们的统计数据显示，约有 2/3 的企业采用纯送股方案，纯送股是股改主要采用的对价支付方式。此外，最终的全部样本企业中，约 1/5 的上市公司的股改方案未经调整过，其余公司的股改方案均至少调整过一次。最终样本数据的选取步骤如表 5-2 所示：

表 5-2　　　　　　　　　　　　　　　　**样本数据选取步骤**

	样本数	占最终样本的比例（%）
截至 2008 年年底已完成股改公司数	1 327	–
无法合理确定对价水平的公司数	25	2.63
治理数据缺失的公司数	77	8.11
世界银行指数缺失的公司数	264	27.82
财务数据缺失的公司数	12	1.26
最终选取的样本数	949	100
其中：深市	360	37.93
沪市	589	62.07
中小板企业	0	0.00
主板企业	949	100（%）

资料来源：CCER 数据库。

3. 研究模型构建

根据前面研究的理论分析，为了验证公司治理结构各变量对股权分置改革对价支付的影响，我们构建如下回归方程，试图来验证我们提出的研究假设：

$$CONS = \alpha + \beta_1 IFSTATE + \beta_2 GOOD + \beta_3 CONTROL + \beta_4 TOP_{1-10L} + \beta_5 OUTRATE +$$
$$\beta_6 TOPGG + \beta_7 HID + \beta_8 DR + \beta_9 ROE + \beta_{10} LOCK + \beta_{11} PLUS + \beta_{12} DIVID + \varepsilon$$

其中 ε 为随机波动项。各变量的定义和度量方法见表 5-1。

5.4　实证检验及分析

1. 各变量的描述性统计及相关分析

（1）各变量的描述性统计分析见表 5-3 和表 5-4：

表 5-3　　　　　　　　　　　　　　　　**主要变量描述性统计**

变量名称	样本数	均值	中位值	众数	标准差	最小值	最大值
CONS	949	2.949	3.000	3.000	0.980	0.054	12.230
IFSTATE	949	0.689	1.000	1.000	0.463	0.000	1.000
CENTER	654	0.327	0.000	0.000	0.047	0.000	1.000
GOOD	949	0.624	1.000	1.000	0.485	0.000	1.000

表5-3(续)

变量名称	样本数	均值	中位值	众数	标准差	最小值	最大值
CONTROL	949	38.028	36.620	33.340	15.142	4.830	83.830
TOP_{1-10L}	949	0.049	0.023	0.008	0.067	0.004	0.534
OUTRATE	949	0.341	0.333	0.333	0.060	0.000	0.571
TOPGG	949	0.007	0.000	0.000	0.058	0.000	0.703
HID	949	0.479	0.000	0.000	0.500	0.000	1.000
DR	949	0.811	1.000	1.000	0.259	0.086	1.000
ROE	949	0.098	0.052	0.012	2.537	-12.435	75.686
LOCK	949	0.610	1.000	1.000	0.488	0.000	1.000
PLUS	949	0.130	0.000	0.000	0.336	0.000	1.000
DIVID	949	0.192	0.000	0.000	0.394	0.000	1.000

表 5-3 显示了公司治理结构与股改对价主要变量的描述性统计结果。由表 5-3 可以看出因变量股本对价（CONS）的均值为 2.949，中位数为 3.000，接近于以往研究中每 10 股送 3 股的水平，标准差为 0.980，各公司间支付的对价水平相对比较稳定。最高对价为 10 送 12.230 股，最低对价为 10 送 0.054 股，表明不同的公司股改对价支付差异较大，但是平均来说公司的支付水平为 10 送 3 股。

公司治理结构各变量的描述性统计结果如下所示：①终极控制股东（IF-STATE）的类别均值为 0.689，中位数为 1，表明终极控制股东为国有控股的上市公司居多，占样本量的 68.9%，非国有上市公司占我国的上市公司的比例较小，占总样本的 31.1%。②在国有控股上市公司中，中央控股（CENTER）的均值为 0.327，仅占样本量的 1/3，地方政府控股的企业数量居多，占总样本的 67.3%，表明在我国的国有上市公司中，地方控股股东的上市公司占了大多数，中央控股的公司相对较少。③治理环境（GOOD）均值为 0.624，中位数为 1，表明有 2/3 的上市公司所处的治理环境整体较好，总体环境较好，但是还有 1/3 的公司所处地区的治理环境不好，这仍然会制约公司的发展及完善，因此仍有需要改进的地方。④上市公司的终极控制股东持股比例（CONTROL）均值为 38.028，中位值为 36.620，众数为 33.340，三者较为接近，表明在我国的上市公司中控股股东的持股比例在 30%~40% 范围的较多。标准差则是 15.142，最小值仅为 4.830，但最大值却为 83.830，最小值与最大值之间相差近20倍，可见各公司的股权结构差异较大，控股股东对公司的控制程度不同。⑤前10大流通股股东的持股比例（TOP$_{1-10L}$）为0.4%~53.4%，后者约为前者的133倍，最高的持股比例为53.4%，占总股本的一半以上，另外，均值、中位值和众数也相对分散，分别为0.049，0.023和0.008。⑥独立董事的比例（OUTRATE）的均值为0.341，中位数和众数均为0.333，符合我国证监会对上市公司董事会成员中至少包括三分之一独立董事的最低要求，但是同时也可以看出，在我国的上市公司中，独立董事的比例仅刚刚达到证监会的要求，公司对独立董事的设置在很大程度上是一种被动设置，而不是为了维护中小股东的利益而自觉、主动地设置。⑦高管人员持股比例（TOPGG）平均仅为0.7%，中位数和众数均为0，表明在我国的上市公司中高管持股比例普遍较低，这就导致了高管收入与股价变动不相关或者是相关性较小，降低了高管参与公司治理的积极性，容易产生代理问题。最低持股比例为0，最高持股比例则高达70.3%，占样本公司的大部分股权，各公司高管持股差异悬殊，然而高管持股比例过高时高管极容易与控股股东相抗衡，易威胁到控股股东的地位，过高的持股比例与过低的持股比例都将不利于高管治理职能的发挥。⑧约50%的企业存在隐性终极控制股东（HID），上市公司现金流量权与控制权的偏离度（DR）为8.6%~100%，差异较大，均值为0.811，表明在我国的上市公司中普遍存在着两权分离的现象，容易导致控股股东利用控制权优势获取私利。此外，特征变量股改前一年的净资产收益率（ROE）最大值为75.686，最小值为-12.435，标准差为2.537，在各公司之间显然也是有很大的区别。

至于承诺变量，额外锁定承诺、追送承诺和未来分红承诺是样本企业股改作出的三种主要承诺。约有61%的企业作出了法定最低承诺外的额外锁定承诺（LOCK），可见大部分公司都作出了额外锁定承诺；控股股东做出追送承诺（PLUS）和未来分红承诺（DIVID）的上市公司比例则分别为13%、19.2%，较额外锁定承诺的比例小。另外，各承诺变量的标准差相差不算大，比较稳定。

不同类别终极控制股东支付的对价情况如表5-4所示：

表5-4　　　　　　　不同类别终极控制股东支付的对价比较

终极控制股东	样本数	均值	中位值	众数	标准差	最小值	最大值
国有控股	654	3.082	3.120	3.000	0.877	0.054	12.230
非国有控股	295	2.654	2.600	3.000	1.124	0.500	10.260
全部样本	949	2.949	3.000	3.000	0.980	0.054	12.230

表 5-4 对不同类别终极控制股东支付对价进行了描述性统计分析。不同类型的终极控制股东，流通股股东获得的对价差异很大，其中国有控股企业获得的平均对价较高，为 10 送 3.082，标准差也较小，为 0.877，表明不同公司间股改对价的差异较小；非国有控股企业获得的平均对价较低，为 10 送 2.654，但标准差较大，为 1.124，表明非国有公司中不同的公司间股改对价差异较大，但总体来讲较低；非国有控股企业获得的对价仅为国有控股企业获得对价的 86.11%，且对价范围比较小，为 "10 送 0.5" 到 "10 送 10.26" 之间。但总体看来，对价大都在 "10 送 3 股" 左右，体现了股改对价的 "群聚现象"（沈艺峰，许琳，黄娟娟，2006）。

（2）表 5-5 是流通股股东获得的对价数量与各自变量之间的 Spearman 和 Pearson 相关分析结果。

表 5-5　股本对价与各自变量之间的 Spearman 和 Pearson 相关分析

	CONS-Spearman	CONS-Pearson
IFSTATE	0.280*** (0.000)	0.202*** (0.000)
CENTER	−0.035 (0.374)	−0.035 (0.376)
GOOD	0.015 (0.637)	0.037 (0.256)
CONTROL	0.237*** (0.000)	0.207*** (0.000)
TOP_{1-10L}	−0.235*** (0.000)	−0.149*** (0.000)
OUTRATE	0.031 (0.337)	0.036 (0.272)
TOPGG	−0.044 (0.171)	0.037 (0.258)
HID	−0.140*** (0.000)	−0.114*** (0.000)
DR	0.118*** (0.000)	0.085*** (0.009)
ROE	−0.097*** (0.003)	−0.038 (0.240)
LOCK	−0.037 (0.257)	−0.052 (0.112)
PLUS	−0.307*** (0.000)	−0.280*** (0.000)
DIVID	−0.076** (0.020)	−0.078** (0.016)

注：***、** 和 * 分别表示相关关系在 1%、5% 和 10% 水平上显著（双尾），括号内的值为 P 值。

Spearman 和 Pearson 两种分析方法的结果都表明股本对价与终极控制股东的类型成正相关关系，且在 1% 水平上显著。这表明国有控股的企业和非国有控股的企业之间股改对价存在着显著的差异。国有控股企业流通股股东获得的对价比非国有控股企业获得的高，间接验证了我们的研究假设一：上市公司终极控制股东为国有控股时，流通股股东获得的对价较高；终极控制股东为非国有控股时，获得的对价较低。

前十大流通股股东的持股比例与对价在两种检验方法下都为负相关关系，且显著性水平很高，表明前十大流通股股东持股比例越高，流通股股东获得的对价越低，假设二未得到验证。这可能主要是因为前十大流通股股东同时也是非流通股股东，这些股东更多注重他们的非流通股股东身份的利益，同时也说明我国股票市场普遍存在着大股东剥夺中小股东利益的现象。另外，基金和券商等前十大流通股股东的持股比例越高，对价越低，可能是由于机构投资者在与非流通股股东谈判过程中没有发挥其讨价还价能力，而且不排除机构投资者和上市公司存在利益交换的可能，机构投资者通过放弃高对价的要求而获取其他方面的好处（许年行，吴世农，2007）。

上市公司终极控制股东持股比例与股本对价在 1% 的显著性水平下正相关，表明终极控制股东持股比例越高，流通股股东获得的对价越高，假设三得到验证。这表明股权集中度对公司对价水平的影响非常显著，也论证了终极控制股东由于持股比例的上升，控制权受到削弱的程度减少，从而愿意支付更高的对价（许年行，吴世农，2007）。

股改前一年的净资产收益率与股改对价，在 Spearman 分析方法下，在 1% 的显著性水平下显著负相关，而在 Pearson 分析方法下二者负相关但不显著，部分证实了研究假设四：公司净资产收益率越高，获利能力越强，支付的对价水平越低。赵俊强、廖士光、李湛（2006）的实证检验结果也表明公司业绩和公司成长性是影响上市公司股改实际对价水平的重要因素。

另外，由表 5-5 可知，当公司处于较好的治理环境下时，流通股股东获得的对价较多，但这种关系在统计上并不显著，表明治理环境对对价支付的影响较小；外部独立董事比例的提高也有助于流通股股东利益的保护，但作用却不显著，因此可以得出在我国的上市公司中独立董事没有有效地发挥治理作用，需要进一步完善独立董事监督机制；而当国有控股公司为中央控股时，流通股股东获得的对价较少且不显著。本系数表的相关分析结果还显示，当上市公司存在隐性终极控制股东时，流通股股东获得的对价将会显著减少，但现金流量权与控制权的偏离度越大，流通股股东获得的对价会越多，说明隐性终极控制股东的存在有可能会损害到更多的流通股股东的利益。承诺变量的存在能够减少公司的对价支付。

显然，假设一、假设三和假设四是得到分析结果的支持的。其他变量如独立董事比例的增加、处于较好治理环境下的企业，其流通股股东获得的对价会较多，但不显著。至于高管持股对对价的影响两种检验方法结果并不同，高管持股对企业价值是否有一定的负面影响，股权激励带来的正效应是否小于高管人员为自己谋取私人利益的负效应，这些因素对股改对价的影响还有待深入了解。承诺变量与股改对价之间的相关关系均为负相关，说明非流通股股东的承诺有助于减少他们的对价支付，但各承诺变量的影响作用不同，追送承诺和未来分红承诺在两种检验方法下均显著，锁定承诺在两种检验方法下都不显著，与辛宇和徐丽萍（2007）的研究结果基本一致。总体来看，大部分因变量与自变量之间的相关关系与理论预期相符。接下来本章将在控制其他因素影响的情况下进一步进行多元回归分析，以得到更可靠的实证回归结果。

2. 模型的多元回归分析及结果

（1）全部样本回归分析结果

表 5-6 是全部样本的多元回归分析结果。

表 5-6 模型的实证结果数据（全部样本）

变量	非标准化回归系数		标准化回归系数	T 检验值	显著性检验
	β 值	标准误	β 值		
常数项	2.601***	0.267		9.726	0.000
IFSTATE	0.292***	0.077	0.138***	3.789	0.000
GOOD	0.058	0.061	0.028	0.945	0.345
CONTROL	0.012***	0.002	0.184***	5.925	0.000
TOP_{1-10L}	−2.058***	0.450	−0.141***	−4.577	0.000
OUTRATE	0.383	0.506	0.023	0.757	0.449
TOPGG	1.305**	0.520	0.077**	2.508	0.012
HID	−0.109	0.095	−0.055	−1.149	0.251
DR	−0.170	0.176	−0.045	−0.968	0.333
ROE	−0.018	0.012	−0.045	−1.521	0.129
LOCK	−0.092	0.061	−0.046	−1.508	0.132
PLUS	−0.695***	0.089	−0.238***	−7.827	0.000
DIVID	−0.229***	0.076	−0.092***	−3.021	0.003
调整后的 R^2	0.162				
F 统计值（P 值）	16.219（0.000）				
样本数	949				

注：因变量：股本对价。***、**和*分别表示相关关系在1%、5%和10%水平上显著。

表5-6的实证结果数据表明，上市公司终极控制股东类型、终极控制股东持股比例和前十大流通股股东持股比例仍是影响上市公司股改对价的主要因素，各因素结果都非常显著。假设一和假设三都得到了很好的验证，但与假设二的结论相反。与表5-5的相关分析结果一致，前十大流通股股东的持股比例与股改对价的关系仍然是负相关关系，但全样本回归中已经变得非常显著了（1%水平上显著），前十大流通股股东的持股比例越高，流通股股东获得的对价反而越低，说明流通股股东的议价能力并不如非流通股股东的强。另外，股改前一年的净资产收益率与股本对价负相关但不显著，T值为-1.521，有一定的经济意义。

独立董事比例仍然与对价呈正相关关系，且在统计上不显著，独立董事作为外部监督力量，基本能发挥他们的监督作用，但独立董事保护流通股股东利益的作用还有待加强，我国的独立董事引入机制也需进一步健全，公司在设置独立董事时不能仅仅是为了满足监管机构的要求，而应根据公司发展的实际需求设置，自觉地引进独立董事，切实保护投资者的利益。高管的持股比例越高，流通股股东获得的对价越高，可见高管持股也未能起到好的激励效果，这可能是由高管持股比例普遍较低，相当一部分高管没有持有公司的股份造成的。回归分析结果表明，经理人员的管理权责、激励与约束制度不健全，我国上市公司存在诸多问题，上市公司治理结构建设亟待有效推进（董迎，2000）。另外，委托人和代理人的利益冲突使得经理人员很有可能损害公司利益和股东利益，即使是公司制度比较完善的发达国家也是这样（邢建国，2005），更何况我国是新兴市场经济国家。正如阎达五、谭劲松（2003）的研究结论，我国目前的上市公司独立董事制度还需要完善。承诺变量仍然是影响股改对价水平的重要因素，这与对表5-5的分析结果一致。

（2）分组样本回归分析结果

另外，考虑到中级控股股东的类别不同，对结论的影响可能会不同，因此为了进一步验证结果，我们按照终极控制股东类别将研究样本分为两组，分别对国有控股企业和非国有控股企业进行分组检验。实证结果见表5-7：

表5-7　　　　　　　不同终极控制股东类型企业分组回归结果

变量	国有控股			非国有控股		
	回归系数	T值	P值	回归系数	T值	P值
常数项	3.204***	9.218	0.000	1.933***	3.791	0.000
GOOD	-0.052	-0.766	0.444	0.352***	2.898	0.004

表5-7（续）

变量	国有控股			非国有控股		
	回归系数	T 值	P 值	回归系数	T 值	P 值
CONTROL	0.012***	5.362	0.000	0.014***	3.330	0.001
TOP_{1-10L}	−2.076***	−4.467	0.000	−2.432**	−2.080	0.038
OUTRATE	0.088	0.164	0.870	1.264	1.078	0.282
TOPGG	0.586	0.191	0.849	1.156*	1.851	0.065
HID	−0.146	−1.205	0.228	−0.042	−0.215	0.830
DR	−0.278	−1.032	0.303	−0.090	−0.361	0.718
ROE	−0.031***	−2.826	0.005	0.236***	4.146	0.000
LOCK	−0.178***	−2.628	0.009	0.095	0.775	0.439
PLUS	−0.567***	−4.894	0.000	−0.851***	−6.016	0.000
DIVID	−0.171**	−2.115	0.035	−0.441**	−2.538	0.012
调整后的 R^2	0.124			0.204		
F 统计值（P 值）	9.388（0.000）			7.867（0.000）		
样本数	654			295		

注：因变量：股本对价。***、** 和 * 分别表示相关关系在 1%、5%和10%水平上显著。

由表 5-7 检验结果，我们发现，上市公司终极控制股东类型不同的企业其常数项仍是显著为正的。与表 5-6 结果一致，在国有控股和非国有控股的情况下，前十大流通股股东的持股比例与对价之间的关系都显著负相关，表明前十大流通股股东持股比例越高，流通股股东获得的对价越低，假设二未得到验证。这可能主要是因为前十大流通股股东同时也是非流通股股东。

上市公司终极控制股东的持股比例与对价的相关关系依然显著为正，在两类不同的企业里，股权集中度越大，流通股股东获得的对价越多，假设三是得到验证的，即不论是国有控股还是非国有控股，上市公司的终极控制股东持股比例越高，流通股股东获得的对价补偿也就越高。

与表 5-6 明显不同的是，净资产收益率与股改对价在两类企业里均呈显著相关关系。但两类企业的具体表现不同：国有控股企业股改前一年的净资产收益率与其对价在 1%的水平上显著负相关；而非国有控股企业则是在 1%的水平上显著正相关。假设四在国有控股企业里得到验证，但非国有控股企业里的结果并不支持此结论。这可能表明：在国有控股企业里，企业的盈利能力越强，流通股股东获得的对价越少，流通股股东的利益有受到损害的可能性，在这方面非国有控股企业的表现会更好些，对流通股股东的利益也保护得更好些。而且，非国有控股企业在较好的治理环境下，会给予流通股股东更多的对价，这与国有控股企业的差别明显。从这一点来看，非国有控股企业的流通股股东比国有控股企业的流通股股东的利益得到更好的保护。

锁定承诺在国有控股上市公司里变得很显著，说明其在国有上市公司里更得到重视，这与表5-6的回归结果有所不同；而在非国有控股上市公司里，锁定承诺与对价的关系反而为正相关，但并不显著，与表5-6的结果完全不同。至于其他变量的回归结果，除了高管持股在非国有控股上市公司里为10%水平上显著外，绝大部分变量的回归结果在两类企业中的回归结果基本也是一致的。股权激励制度也没有起到很好的激励作用，非国有控股上市公司里尤其如此。上市公司终极控制股东的存在和现金流量权与控制权的偏离度对对价的影响在两类企业里都是不显著的。

接下来，我们再将国有控股的上市公司区分为中央政府控股上市公司和地方政府控股上市公司进行回归。回归结果如表5-8所示：

表 5-8　区别中央政府控股上市公司和地方控股上市公司的回归结果

变量	非标准化回归系数		标准化回归系数	T 检验值	显著性检验
	β 值	标准误	β 值		
常数项	3.253***	0.348		9.337	0.000
CENTER	−0.115*	0.070	−0.061*	−1.649	0.100
GOOD	−0.056	0.068	−0.030	−0.817	0.414
CONTROL	0.012***	0.002	0.204***	5.466	0.000
TOP$_{1-10L}$	−2.013***	0.466	−0.168***	−4.323	0.000
OUTRATE	0.077	0.537	0.005	0.143	0.887
TOPGG	0.718	3.074	0.009	0.234	0.815
HID	−0.143	0.121	−0.076	−1.179	0.239
DR	−0.296	0.269	−0.071	−1.098	0.272
ROE	−0.031***	0.011	−0.106***	−2.875	0.004
LOCK	−0.177***	0.068	−0.098***	−2.625	0.009
PLUS	−0.588***	0.116	−0.188***	−5.050	0.000
DIVID	−0.180**	0.081	−0.084**	−2.224	0.026
调整后的 R^2	0.126				

表5-8(续)

变量	非标准化回归系数		标准化回归系数	T检验值	显著性检验
	β值	标准误	β值		
F统计值（P值）	8.855（0.000）				
样本数	654				

注：因变量：股本对价。^{***}、^{**}和[*]分别表示相关关系在1%、5%和10%水平上显著。

由表 5-8 可见，中央政府控股的上市公司和地方政府控股的上市公司在对价支付方面存在差异，前者支付的对价水平较后者低；同样是国有控股上市公司，当终极控制股东的属性不同时，对价水平也存在着区别。并且，中央和地方控股的上市公司在较好的治理环境下均会支付较少的对价，只是这种关系不显著而已；净资产收益率和锁定承诺与对价的回归结果与表 5-7 的分析一致；其他的变量也与前面的分析基本一致，在此不再赘述。

3. 多重共线性诊断及稳定性检验

从各自变量之间的 Pearson 相关分析和 Spearman 相关分析我们可以看出，各自变量之间的相关系数都比较小，绝大部分在 0.10 以下（限于篇幅，未能列出全部分析结果）。全部样本的 F 统计值为 16.219，调整后的 R^2 为 0.126。多重共线性诊断结果也表明，绝大部分容忍值接近于 1，说明自变量之间的共线性弱，方差膨胀因子（VIF）的值仅仅大于 1，但小于 5。所以我们认为，变量之间不存在严重的多重共线性问题。为了检验回归结果的稳定性，我们将全部样本公司分为深交所上市公司和上交所上市公司并再次进行回归检验，发现主要结论仍未发生变化，回归结果稳定性比较好。

5.5 主要研究结论及局限

本章收集了 949 家实施股改公司的相关资料，运用 Pearson 相关分析、Spearman 相关分析以及全样本和分样本多元回归的方法，分析研究了公司治理结构对股本对价的影响。通过以上实证分析，我们得出以下结论：①上市公司的终极控制股东类别不同时，流通股股东获得的对价不同：国有控股企业获得的对价较高，非国有控股的企业获得的对价较低。另外，在国有控股的上市公司中，中央政府控股的企业支付的对价较低，地方政府控股的企业支付的对价较高。终极控制股东类别不同的上市公司，流通股股东获得的对价之间的差异也显示出不同类别的企业流通股股东的议价能力不同。②上市公司的终极控制股东持股比例与流通股股东获得的对价呈正相关关系。无论在国有还是非国有控股企业里均是如此。③与研究假设二不同，前十大流通股股东的持股比例与对价呈负相关关系，但全部样本检验及分组检验的回归分析结果略有差异（国有控股企业的显著性更高一些，为1%水平上显著，而非国有控股则为5%水平上显著）。这大概是由前十大流通股股东的双重身份造成的，也可能是前十大流通股股东中的机构投资者与非流通股股东之间"合谋"侵害中小投资者利益的结果（辛宇，徐丽萍，2007）。④股权分置改革前一年的净资产收益率对对价的影响只在分组检验里影响显著，且两类企业的回归结果方向相反，在全样本企业里影响并不显著。⑤至于独立董事比例与对价之间的关系则并不显著，隐性终极控制股东的存在与否和上市公司现金流量权与控制权的偏离度对对价的影响方面，本书并未发现明显的相关关系。承诺变量的存在对对价的影响明显，能够显著减少对价的支付水平。

同时，上市公司管理层的股权激励对公司价值的影响等这些因素，则不是投资者最为关心的方面。但是，它们仍然可能影响股改对价的形成过程，而且很多上市公司的管理效率低下，外部监督机制没能发挥相应作用，公司管理层激励的意义不大甚至可能损害投资者利益的情况存在，也提醒相关管理部门应该加强这方面的监管，要让股权分置改革为大多数投资者谋利益，而不仅仅是满足少数投资者的私利。

股权分置改革顺应了我国证券市场的发展趋势，能够为上市公司的发展带来新的机遇。同时，股权分置改革完成以后，有利于实现上市公司全体股东价值取向的一致性，促进公司的协调发展，对公司治理及未来发展产生深远的影响，有助于进一步完善公司治理理论的发展。不过，股改对价除了受终极控制股东的类别和公司治理的因素影响外，还可能受其他因素如股改批次、公司所在地、行业的不同等的影响，这些都是本书未能展开讨论的地方，有待进一步研究。

第6章 终极控制股东类型、股权分置改革对价支付与上市公司绩效研究

6.1 引言

　　由于特殊的历史原因，中国股市在成立之初就形成了非流通股和流通股两类股票同股不同价、同股不同权的股权分置现象。随着时间的推移，股权分置带来了一系列的严重后果，特别是随着资本市场的迅速发展，投资主体多元化逐步形成，股权分置这样的制度安排的弊端和矛盾也逐渐暴露出来，使资本市场的融资功能和优化资源配置功能以及价值发现功能被大大弱化，后来甚至被认为是影响证券市场健康发展一系列问题的根源，到了不得不彻底解决的地步。针对我国资本市场存在的这一难点和热点问题，党中央、国务院于2004年下发《关于推进资本市场改革开放和稳定发展的若干意见》，要求积极稳妥解决股权分置问题。2005年4月29日，中国证监会发出《关于上市公司股权分置改革试点有关问题的通知》，紧接着，沪深证券交易所又发布《上市公司股权分置改革试点业务操作指引》。这标志着对困扰中国资本市场多年的股权分置问题的解决拉开了序幕。

　　截至目前，股权分置改革从启动开始已经过去十年有余。在这期间，股权分置改革通过试点公司推广、分批逐次进行、股东投票表决等方式稳步向前推进，最终沪、深两市大部分上市公司均已完成股权分置改革所需法律程序，可以说股权分置改革已经取得阶段性成果，中国股市正在经历存在限售期的后股权分置改革时代向全流通时代的过渡。在全面推进的股权分置改革过程中，国内外的学术界与实务界均给予了极大的关注，从理论阐述与实证分析等角度对

股权分置改革过程中产生的诸多问题进行分析研究，为后续的股改工作探索出许多有益的建议和对策。现有研究主要集中在以下几个方面：一是股权分置改革过程中对价支付问题及其对公司治理的影响。苏梅、寇纪淞、陈富赞（2006）认为，股权分置改革可以视做非流通股股东与流通股股东之间就获得流通权支付对价问题展开的博弈，且股权分置改革是一个完全信息动态博弈过程，并就股东间博弈的行为、博弈过程中股东的收益、股东的策略选择、博弈结果对市场平均对价水平的影响进行了论述；吴超鹏、郑方镳、林周勇、李文强、吴世农（2006）以330家已实施股权分置改革且仅采用"股份对价"形式的上市公司为样本，分别从流通股股东和非流通股股东角度来衡量对价送达率和对价送出率，并从理论和实证两个角度分析对价送达率和送出率的影响因素；许年行、吴世农（2007）运用心理学的"锚定效应"理论，指出股改公司所确定的对价是一种非完全的理性的经济决策行为，而且存在明显的"锚定和调整"行为偏差；辛宇、徐莉萍（2007）分别使用市场化指数和政府有效性指数作为治理环境的替代变量，在投资者保护的分析框架下，讨论了治理环境在股改对价和送出率确定过程中的作用。郑志刚、孙艳梅、姜德增（2007）基于股权分置改革对价确定这一特殊的公司治理事件，从新的角度检验了我国上市公司现存公司治理机制的有效性，从而为判断目前我国上市公司治理现状提供了新的证据。丁志国、苏治、杜晓宇（2006）根据政策中性原则与套利分析理论推导出市场均衡条件下的股权分置改革对价公式，对46家试点公司和进入全面股改后推出的前两批72家公司对价方案进行剖析，认为部分上市公司对价支付比例存在明显不合理，并利用博弈论的观点分析了试点公司不合理对价方案获得高票通过的原因。二是对股权分置改革中的流通股股东和非流通股股东利益分配问题的研究。赵俊强、廖士光、李湛（2006）研究认为在完成股改的公司中，大部分样本公司的两类股东在股改中获得增量收益、实现"双赢"，在流通股股东和非流通股股东均获得增量收益的公司中，股改的增量收益未能在两类股东间均分。廖理、张学勇（2008）利用中国家族上市公司股权分置改革前后的季度时间数据，实证研究股份全流通纠正终极控制者利益取向的有效性，进而对股改的公司治理效果作出判断。三是股权分置改革效应研究。股权分置改革是对中国资本市场的根本性改变，股改的完成使"同股同权不同价"的非市场机制得到了纠正。丁守海（2006）试图为我国股权分置改革的效应评价提供一种方法，其将股改以来的时间序列分为三个阶段，利用面板数据模型，分析了股权改革对上市公司资产价值的影响。杨善林、杨模荣、姚禄仕（2006）使用剩余收益估值模型估计我国上市公司股票的内在价值，以股票内在价值为基础检验上市公司股权分置改革对股票价格和价值之间相关性的影响。何诚颖、李翔（2007）运用事件分析模型对已完成股权分置改革的一批样本公司的市场反应进行实证检验。刘玉敏、任广乾（2007）以超常收益率作为基础度量指标，利用事件研究法，探讨了上市公司股权分置改革的效率。廖理、沈红波、郦金梁（2008）采用主成分分析法构建了包括控股股东、董事会、经理层、信息披露四个维度的公司治理指数（CGI），并研究了股权分置改革对公司治理指数的影响。蔡宁、魏明海（2009）以股权分置改革后"大小非"解禁、减持中的盈余管理为研究对象，通过构建回归模型验证了在原非流通股股东所持股份解禁或减持之前的季度期间，公司的可操控应计显著为正，解禁或减持的规模越大盈余管理的程度也越强，并且盈余管理的程度与相应期间公司股票的市场表现正相关。谭松涛、傅勇（2009）采用双重差分的方法考察了股权分置改革过程中，上市公司的股权激励方案对机构投资者投资选择的影响。陈明贺（2007）对实施一年多的股权分置改革及公司的股权结构对公司绩效的影响进行了实证分析，结果表明股权分置改革与市净率负相关，第一大股东持股比例与公司绩效存在"U"形关系。

股权分置改革完成后将改变上市公司由股权分置导致的不合理的股权结构，而上市公司股权结构的改变又会对上市公司的公司业绩产生影响。现有文献主要从不同的角度对对价进行了研究，较为缺乏股权分置改革与公司绩效的实证研究。目前，我国的股权分置改革已经告一段落，为我们进一步研究创造了条件。

6.2　文献综述

6.2.1　股权分置改革对价支付

目前，对股改对价支付的研究主要集中在对股价支付的影响因素上，国外研究起步较早。

国外学者的研究，主要从流通权价值及其影响因素入手。Wruck（1989）运用美国公司的数据，发现不流通股权的流动性折价比例大概为15%。Silber（1991）研究表明，营业收入、盈利能力与折价率呈负相关关系，与流通受限股份在总股份中的比重呈正相关关系，当发行公司与投资者关系较好时，折价率会相对较低。

随着股改的不断深入，国内学者也掀起了对股改对价的影响因素的研究热潮。

吴超鹏等（2006）以深、沪两市已实施股权分置改革的330家上市公司为研究样本，运用相关财务理论，并结合我国国情，实证分析了流通股股东对价送达率、非流通股股东的对价送出率的影响因素。在对样本公司规模、盈利能力和成长性进行控制后，实证结果显示，对价送达率及对价送出率均与第一大股东持股比例呈正相关关系，与机构投资者持股比例呈负相关关系，但与非流通股比例显著关系不同，前者呈正相关关系，后者呈负相关关系。张俊喜、王晓坤、夏乐（2006）以227家初步完成股改的上市公司为样本进行实证分析，发现非流通股比例、首次发行市盈率、盈利水平、流通股股权集中度均对股改对价有显著影响，其中非流通股比例和IPO市盈率呈正相关关系，其余为负相关关系。赵俊强（2006）实证分析了股改对价水平的影响因素，以2006年9月30日前完成股改的807家上市公司为样本，发现实际对价与经营绩效、成长性成正比，与非流通股比例、非流通股转成流通股份额成正比，但流通性溢价、流通股股东认可度和非流通股转成流通股期限等因素没有显著影响。

根据国内外研究可知，影响股权分置改革对价支付的因素包括公司业绩、成长性、非流通股比例、流通股股权集中度等。

6.2.2　股权结构、股权分置改革与公司绩效

根据我国国情和制度背景，国内学者对股权分置改革进行了一系列研究，针对我国以控制性股权结构、国有性质为主的股权结构，股改对公司绩效的影响也具有自身的特点。

股权分置改革前，国家股处于绝对控股地位，且都是非流通的，"一股独大"、低效率国家股等导致了大股东掏空上市公司、关联交易、挪用资金等问题的出现，大股东牟取私人利益、侵害中小股东利益的现象越来越多。

2005年，股权分置改革拉开序幕，受到学者们的广泛关注。胡汝银（2007）认为上市公司大股东为不断提升公司市值，必须提高公司的利润及业绩，对中小股东利益的损害行为会减弱，且大股东行为会出现积极的变化。研究表明，股改后，大股东对中小股东利益侵害的关联交易会减少，对注入优质资产和推动上市的动机会增强，且大股东对股权融资的偏好将减弱，形成遵循有限融资选择的途径。

黄静、屠梅曾（2009）运用多指标绩效评价的数据包络分析（DEA）方法，对164家于2005年年底完成股改的上市公司样本进行了实证分析，纵向

比较了股权分置改革前后其股权结构与公司绩效的关系。结果表明，较股改前上市公司的平均绩效，股改后绩效逐渐升高；国有股持股比例越高，平均绩效越高，股改后，差异有所减小；与股权高度集中的公司相比，股权分散公司的平均绩效更高，且在股改后，两者间的差异越来越大。

王新霞、刘志勇、孙婷（2011）通过市政分析探讨股权分置改革中股权结构对公司绩效的影响机理，通过运用2005—2007年深沪两市上市公司为样本公司，将其分为"已股改"和"未股改"两组，研究发现，股权集中度及股权制衡度与公司绩效均呈正相关关系，但股改后两者与公司绩效的显著程度变化不同，前者有所减低，后者则有所增强。

也有学者认为股权分置改革后，大股东行为的改变可能并不都有利于上市公司绩效的提升。

吴寿康（2007）认为，股改后，上市公司股票均可以上市流通，若形成相对控股型的公司，可能造成几个大股东对控制权的争夺，影响公司绩效，且使绩效下降，甚至会造成价值的毁灭。胡汝银（2007）认为大股东可能为获取利益，采取短期化的经营行为，会损害公司长期的价值。

根据上述研究，可见股改对公司绩效有一定的影响作用，现在的研究只是针对上市公司的股权结构。但国内外文献显示，终极控股股东类型对上市公司绩效有一定的影响关系（Samsuwatd Zuha Btmohd Abbas，2009；白云霞，吴联生，2008；杨淑娥，苏坤，2009）。

目前，将终极控股股东类型引入影响两者关系的因素的研究较少。叶勇、黄雷、张琴（2009）试图从微观公司治理结构方面展开研究，探讨公司治理结构与股改对价之间的关系。实证研究结果表明，公司的股权结构与股改对价有着显著的线性相关关系。当上市公司的终极控制股东为国有控股时，流通股股东获得的对价较高；当上市公司的终极控制股东为非国有控股时，流通股股东获得的对价较低。也就是说，不同类型终极控制股东控股的企业，其对价存在着显著性差异。俞红海、徐龙炳（2009）研究股权分置改革之后、全流通背景下控股股东最优减持行为。理论上首次通过动态模型研究发现，控股股东最优减持与现金流量权水平、外部治理环境正相关，而与公司投资机会、市场平均回报率负相关，并且相对于中央政府，地方政府或私人控股时更有可能发生减持。研究结果表明控股股东现金流量权水平对减持行为影响显著为正，公司投资机会影响显著为负，并且当控股股东为私人时，第一大股东更会发生减持，基本验证了理论发现。该文的研究为股权分置改革后股权结构调整提供了理论依据，同时也在一定程度上解释了目前市场上的减持行为。

根据上述分析，在不同的企业，股权结构不同，终极控股股东的模式也不同，可能影响企业的整体目标，且会影响企业的价值。因此，当上市公司终极控股类型不同时，其对公司的治理可能产生差异，治理机制也不同，故会影响股改中对价的支付水平。

6.3 研究假设

在股权分置改革完成前的股权分置状态下，上市公司股份转让存在非流通股协议转让和流通股市场交易两种价格，这种不正常的股份转让模式扭曲了资本市场定价机制，使得上市公司的资本运营缺乏市场化操作的基础，也制约了资本市场资源配置功能的有效发挥，而且公司股价难以对上市公司大股东、管理层形成市场化的激励和约束，公司治理缺乏共同的利益基础（吴晓求，2006）。大股东的利益获取最先是从股东之间的利益博弈开始的，股东之间利益博弈完成后才转向市场上企业之间的博弈（吴晓求，2006）。由于非流通股股东不能通过股票二级市场出售其持有的股票，公司股票在二级市场的变化对于非流通股股东的自身财富和利益并不产生直接影响。因此，非流通股股东并不关注公司股票价格变化，而公司股票价格变化直接关系着流通股股东的切身利益。相反，对于非流通股股东，尤其是控股股东来说，利用大股东的地位，通过控制上市公司来为自己牟取私利，实现控制权的私人收益，更符合其自身利益，不管大股东是国有资本还是民营资本。由于对上市公司只是部分持股，必然存在大股东的代理成本，即大股东侵占上市公司资源的成本由流通股股东分摊，但是相应的收益由大股东攫取（张千帆，贺富强，张子刚，魏建国，2001；苏梅，寇纪淞，陈富赞，2006）。

股权分置改革的完成将为公司治理的改善（如接管威胁和股东真正意义上的"以脚投票"等）创造条件（郑志刚，孙艳梅，姜德增，2007），形成了股东之间共同的利益平台，从而降低了控制股东和中小股东之间的代理冲突，产生"利益趋同效应"（Shleifer 和 Vishny，1986；吴晓求，2006；陈明贺，2007）。股权分置改革后，上市公司控股股东和其他股东之间收益的目标函数逐步趋向一致（在股份限售期间一致性较低，限售期结束后逐渐升高），虽然上市公司控制股东仍然有一定的动机和能力去获得自己的超额收益，产生降低公司价值的壁垒效应（Claessens 等，2002），但在正常经营过程中仍然会努力提升公司业绩。在特定情况下，控制股东甚至会支持经历经营的上市公司，产生"支持效应"（Friedman 等，2003；Bae 等，2002）。因此，股权分置改革后，上市公司控制股东有可能比股改前更加关注股票市场价格的变化，而在规范的资本市场上，股价和公司业绩高度正相关，那么，相对股权分置而言，股改后的控制股东就有更大的动力去经营公司，使公司业绩得到改善。因此，提出假设一：

H1：上市公司是否进行股权分置改革会对公司业绩产生显著影响。

上市公司持有非流通股的股东向流通股股东支付现金对价实际上是向市场传达了股票价值低估的信号，可以降低信息不对称、产生信号作用。现金主要是由控制股东支付的，对控制股东而言其损失比送股显得更大、更直接，因此现金对价支付越多表明控制股东对公司前景越有信心。股权分置改革后的资本市场会逐渐规范，控制股东的收益将主要来源于公司盈利后的分红和通过证券市场转让股票获得的资本增值收入。而这两种获取收益的方式都意味着上市公司控制股东必须通过努力来提高公司业绩。因此，提出假设二：

H2：股权分置改革过程中现金对价支付越多，股权分置改革后公司业绩越好。

对价是股权分置改革前持有非流通股的股东给予流通股股东的股改成本，上市公司控制股东通过送股的方式向流通股股东支付股改对价后，控制股东的持股比例相对下降，导致控制股东的间接损失。送股越多，控制股东持股比例下降越快，间接损失也越多。股权分置改革的完成为公司治理环境的改善创造了条件，有可能促使如接管威胁和股东真正意义上的"以脚投票"等市场手段的出现（郑志刚，孙艳梅，姜德增，2007），控制股东支付股份对价的目的在于使非流通股获得流通权，因此，在股改完成后为了保持控制地位，并尽量弥补股改对价支付的损失，控制股东就会更加关注公司的股价，尽力提高公司的经营业绩，从而减少市场接管的可能性和获取更多的收益。因此，提出假设三：

H3：股权分置改革过程中股份对价支付越多，股权分置改革后公司业绩越好。

6.4　研究样本和变量

6.4.1　研究样本和数据来源

因为股权分置改革的完成对公司业绩的影响需要一定的时间，因此，本书选取截至 2006 年 12 月 31 日完成股权分置改革的公司为样本，根据一系列的数据筛选，剔除了数据不全、被"ST"的公司等，最终深圳证券交易所共有上市公司 468 家公司符合要求。本课题的研究样本包括了政府作为终极控制股东控制的非金融行业的上市公司共 306 家，非政府控制的非金融行业上市公司共 162 家。研究数据来源于 CCER 上市公司股权分置改革数据库、CSMAR 数据库、中国证券报—中证网和全景网公布的公司年报、《股权分置改革说明书》及其他相关公告、巨潮资讯网站、深圳证券交易所网站等。

6.4.2 变量定义

6.4.2.1 因变量

本书的研究对象是公司绩效。国内外学者对公司绩效的衡量指标较多，主要包括托宾 Q 值（Q）、EVA、净资产收益率（ROE）、资产收益率（ROA）等。

1. 托宾 Q 值

Q＝企业总资产的市场价值/企业总资产的重置成本

孙永祥、黄祖辉（1999）的研究中，使用托宾 Q 值衡量公司绩效，实证分析第一大股东与公司绩效间的关系。张红军（2000）、肖作平（2003）分别实证检验了公司绩效与股权集中度的相关关系，其中公司绩效指标选用托宾 Q 值。

陈婧（2008）在文中总结了国内外对托宾 Q 值的应用。她总结托宾 Q 值有三种应用方式：①托宾 Q 值是国际上普遍采用的衡量公司业绩的变量；②托宾 Q 值也被用作企业成长机会的量度；③此外还有学者用托宾 Q 值解释内部所有权（管理层持股）。管理层持股比例是一个内生变量，受公司业绩影响，而不是公司业绩受管理层持股影响。她总结说，实证研究中运用托宾 Q 模型也存在一些问题：首先托宾 Q 值难以准确计量；其次托宾 Q 是企业未来的预期值；最后股票市场的不完善会导致资本市场评价的信息失真。因此，她建议用托宾 Q 值衡量企业的成长机会相对好一些。由 CCER 数据库对托宾 Q 值的定义可知，托宾 Q 值＝公司市场价格/公司重置成本。而应用该值的一个重要前提是市场达到半强势有效。这个前提包括三个方面：①不存在信息的不对称现象，即相关信息在投资者之间要充分地披露和均匀地分布；②投资者制定投资决策必须自觉根据理性原则；③股价不受非竞争性因素的影响，能随信息流动自由地流动。黄磊、王化成、裘益政（2009）在《Tobin Q 反映了企业价值吗——基于上市投机性的视角》一文中提到，我国上市资本市场起步较晚，市场机制不够成熟，信息不对称问题严重，对投资者的利益保护也相对不足。因此，学者们对托宾 Q 在我国的适应性问题进行了探索。通过实证研究发现，我国还属于新兴市场，整体投机性较强，暂时不具备全面应用该值的市场条件。

2. EVA

EVA，指资本获得的收益至少要能补偿投资者承担的风险，是衡量企业绩效的重要指标。其计算方式为：EVA=税后净营业收入-资本机会成本=税后净营业收入-加权平均资本成本×总资本额。该指标是由美国学者提出的，我国使用该指标时需要根据我国的会计制度、会计核算方式对其进行修正，估算值可能存在偏差。

3. 净资产收益率（ROE）

净资产收益率（ROE）=净利润/报告期期末股东权益，是考核公司经营业绩的依据。高明华（2001），张宗益、宋增基（2003）的研究中，均选用了净资产收益率作为公司绩效的衡量指标，探讨其与股东持股比例的关系。

图 6-1 为杜邦分析体系。

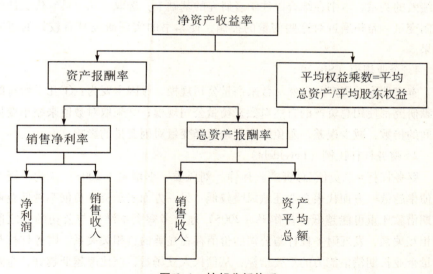

图 6-1　杜邦分析体系

资料来源：财务管理学。

4. 资产收益率（ROA）

资产收益率（ROA）=净利润/平均资产总额。陈小悦、徐晓东（2001）和许小年、王燕（1999）将资产收益率作为公司绩效的指标。

洪爱梅（2005）对净资产收益率与资产收益率进行比较分析后发现，净资产收益率的稳定在很大程度上受到公司对利润操纵的限制，但总资产收益率可以排除某些不确定因素，较净资产收益率更为稳定。近几年，越来越多的学者开始使用资产收益率作为衡量公司绩效的指标，且我国证监会等监管机构将净资产收益率作为考核公司公开发行股票、配股等的指标之一，一定程度上导致部分公司对其进行盈余管理，而资产收益率并不是监管部门的考核指标，公司对其的操纵可能性较低。

因此，本书选取资产收益率（ROA）作为因变量。

6.4.2.2　解释变量

本书探讨股权分置改革对价支付与公司业绩的影响关系，选择股权分置改革状态（IFreform）、现金对价（Cashcost）、股份对价（Sharecost）和权证对价（Warrantscost）作为解释变量进行衡量。

6.4.2.3　控制变量

从以往的研究结论可知，公司绩效受到公司特征因素和公司治理因素如公司规模、盈利能力、行业等的影响。为更好地检验股权分置改革对价支付与企业绩效的关系，本书在综合以往学者研究的基础上，选取了几个具有代表性的控制变量，希望通过对这些变量的控制，使本书的实证研究具有较好的研究结果。

1．企业规模（Size）

本书选取总资产的自然对数来衡量公司规模，原因主要为：①几乎所有的文献研究都使用总资产的自然对数来衡量公司规模；②采取对数值来缩小变量之间的倍数，减少误差，避免影响其他解释变量对因变量的影响。

2．财务杠杆比例（Leveldebt）

财务杠杆＝总负债/总资产。孙铮、刘凤委、李增泉（2005）认为，资产负债率越低一方面代表企业还款风险较低，另一方面表示资产负债率越低企业长期借款比重可能越低。肖作平（2005）通过考察资本结构与公司绩效之间的相互关系，发现财务杠杆与公司的价值存在显著的负相关关系。财务杠杆是衡量企业长期偿债能力的重要指标：从债权人立场看，该比率越低越好，企业偿债有保障，贷款不会有太大的风险；从股东的角度看，在全部资本利润大于借款利息时，该比率越大越好，否则反之；从经营者角度看，企业资产负债率越大，越显得企业活力充沛；从财务管理者的角度看，企业应当审时度势，全面考虑预期的利润和增加的风险，在二者之间权衡利害得失，作出正确决策，合理安排资本结构。

因此，我们可以看出，资产负债率对企业绩效有比较明显的影响，于是本书选用资产负债率作为控制变量之一。变量的选取如表6-1所示：

表 6-1　　　　　　　　　模型中相关变量的定义

变量类型	变量名称	变量定义
因变量	公司经营业绩	目前使用较多的绩效测量方法为净资产收益率。但该方法由于是证监会对上市公司进行首次发行、配股和特别处理（ST）的考核指标，企业对这一指标进行盈余管理的现象十分严重。此外，净资产收益率的计算方法还有不考虑资本杠杆、经营风险与税收差异等缺陷，因此我们选用了总资产收益率（ROA）来表示公司经营业绩，其公式为： ［净利润÷资产总额×（负债+所有者权益）］×100%
自变量	股权分置改革状态（IFreform）	股权分置改革状态（IFreform）：IFreform 为一个虚拟变量，反映企业是否已经进行了股权分置改革。在本课题中，当企业在 2006 年 12 月 31 日之前已经进行了股权分置改革时，IFreform 取 1，否则取 0。
	现金对价（Cashcost）	Cashcost：现金对价支付的绝对值，为非流通股向流通股无偿派送现金的比例，即每 10 股流通股获送的现金数量（单指送股部分）
	股份对价（Sharecost）	Sharecost：股份对价，即每 10 股流通股获送的股数
	权证对价（Warrantscost）	Warrantscost：是否支付权证，是为 1，否则为 0
控制变量	公司规模（LNsize）	公司规模用上市公司总资产的自然对数表示
	财务杠杆比例（Leveldebt）	财务杠杆比例用上市公司的资产负债率表示

6.5　模型构建

根据前面研究的理论分析，我们建立如下的回归方程6-1和回归方程6-2，试图来验证我们提出的研究假设。具体的变量定义见上表6-1。

$$ROA = \alpha + \beta_1 IFreform + \beta_2 Lnsize + \beta_3 LevelDebt + \tau \qquad (6-1)$$

$$ROA = \alpha + \beta_1 Sharecost + \beta_2 Cashcost + \beta_3 Warrantscost + \beta_4 Lnsize + \beta_5 LevelDebt$$
$$+ \tau \qquad\qquad (6-2)$$

6.6 结果分析

1. 股权分置改革对公司业绩的影响

关于股权分置改革对公司业绩影响的回归分析见表 6-2 和表 6-3：

表 6-2　　　政府控制的上市公司模型 6-1 的回归数据分析表

模型		非标准化回归系数		标准化回归系数	t 检验值	显著性检验
		β 值	标准误	β 值		
6-1	（常数项）	0.014	0.144		0.098	0.922
是否股改	IFreform	-0.139	0.027	-0.282	-5.079	0.000
公司规模	LNsize	0.012	0.007	0.098	1.821	0.070
资产负债率	LevelDebt	-0.196	0.024	-0.430	-8.046	0.000

a. Dependent Variable：ROA

b. $F = 25.739$　$R^2 = 0.206$

表 6-3　　　非政府控制的上市公司模型 6-1 的回归数据分析表

模型		非标准化回归系数		标准化回归系数	t 检验值	显著性检验
		β 值	标准误	β 值		
6-1	（常数项）	-0.662	1.840		-0.360	0.719
是否股改	IFreform	1.083	0.470	0.141	2.305	0.022
公司规模	LNsize	-0.015	0.092	-0.011	-0.159	0.874
资产负债率	LevelDebt	0.167	0.015	0.714	11.122	0.000

a. Dependent Variable：ROA

b. $F = 50.518$　$R^2 = 0.488$

表 6-2 中的数据显示，可决系数为 0.206，说明模型的整体拟合程度较好。解释变量股权分置改革状态 t 值为 -5.079，在 1% 水平上显著，股权分置改革后企业绩效有所下降。由此可见，在政府作为终极控制股东的上市公司中，发生了股权分置改革的上市公司在股权分置改革后一年业绩有明显的下降（在 1% 的水平上显著）。这表明相对股权分置而言，全流通未能激励控制股东关注上市公司真实业绩的提升，出现这种情况的原因在于股权分置改革是政府

极力推动的，有助于完善资本市场，对上市公司而言从长远看应该是利好消息。但是在国有上市公司中，政府作为上市公司的终极控制股东对上市公司业绩的影响是非常有限的，企业经营决策权更多是通过长长的委托代理关系掌握在那些经营管理层手中。对于这些经营层而言，他们的利益和政府不一致，甚至有显著的差异，因此是否股权分置改革对他们难以形成正面激励。对国有上市公司而言，股份全流通后，中小股东更加关心上市公司，监督积极性增强，经营层以前的在职消费、为获取私利而进行的非理性投资等行为都会受到影响，发布虚假报表的可能性也大大降低。同时，全流通后，上市公司有更大的可能性面临市场的收购压力，经营管理层将难以保证职位的稳定与长久，因此，在股权分置改革后的限售期内，政府控制的上市公司的经营业绩反而有所降低。从表6-2中还可以看出，政府控制的国有上市公司的公司规模与公司业绩正相关，资产负债率与公司业绩负相关。公司规模与公司业绩正相关的原因在于公司规模较大的国有上市公司一般都是具有一定行业垄断地位（一般是由于政府的特别授权或限制）的企业，公司业绩相对较好。而资产负债率与公司业绩负相关的原因在于国有上市公司的负债更多是由政府强制商业银行贷款而不是商业银行认为企业有发展潜力而主动放款给企业，结果往往是企业亏损，政府就要求银行贷款，甚至是亏损越多，贷款越多，最终导致负债越多。

　　表6-3显示了股权分置改革对非政府控制的上市公司业绩的影响情况。回归结果显示，可决系数为0.488，股权分置改革状态变量t值为2.305，在5%的水平上显著，且与企业业绩正相关。从表6-3中可以看出，在终极控制股东是非政府股东的上市公司，股权分置改革后一年公司的业绩有显著提高（在5%的水平上显著）。这表明相对股权分置而言，全流通更能激励非政府控制的上市公司的控制股东关注上市公司真实业绩的提升，而不是通过"掏空"等方式侵害中小股东的利益去获得相对更小的利益，原因在于非政府控制股东控制的上市公司的最终控制权是比较清晰的，为家族或人数相对较少的群体所控制。在股权分置时代，这类公司的流通股股东则分散于二级市场中，对公司的实际影响力十分有限。控股大股东进行投资决策时，一旦投资行为失败，由于公司股价在证券市场上的波动对非流通股股东的利益影响不大，却与流通股股东的利益息息相关，因此风险成本实际上通过股价波动转嫁给了二级市场的中小股东；而当投资成功时，由此带来的收益很大一部分为控股大股东所吸收。因此，根据投资偏好理论，在基于风险—收益权衡的投资决策时，非流通股股东会倾向于选择可能偏离公司利益的高风险—高收益型投资行为，无论投

资结果如何，大股东的风险成本都很低，但未来的隐性收益却十分可观。此外，由于监管机制的缺失，控股大股东可以频繁进行关联交易，以此侵占公司资金，进而造成公司业绩下滑，损害中小股东的合法权益。

尽管在全流通时代，控股大股东可能利用信息不对称优势通过操纵财务信息等形式在二级市场上进行投机获利，但股权分置改革后，非流通股股东以对价支付形式换取流通权，其财富与流通股股东一样同二级市场上的股价密切相关，即股权分置改革后控股大股东的利益与中小股东的利益逐步趋同。相对于操纵信息进行投机短暂获利而言，长远的稳定的利益回报可能更为控股大股东所看重，所以股权分置改革完成后，控股大股东为获取更为持久的收益，势必会采取利于公司长远发展的投资决策，努力提升公司的真实业绩水平，进而增加公司在证券市场上的价值。股权分置改革对非政府股东控制的上市公司和政府控制的国有上市公司的业绩产生显著差异的主要原因就在于上市公司的终极控制权的产权属性的清晰程度。

2. 股权分置改革过程中具体对价支付形式和数量对公司业绩的影响

股权分置改革过程中具体对价支付形式和数量对公司业绩的影响的回归分析见表6-4和表6-5：

表6-4　　　政府控制的上市公司模型6-2的回归数据分析表

模型		非标准化回归系数		标准化回归系数	t检验值	显著性检验
		β值	标准误	β值		
6-2	（常数项）	0.072	0.158		0.453	0.651
股份对价	Sharecost	−0.013	0.006	−0.126	−2.184	0.030
现金对价	Cashcost	0.003	0.004	0.032	0.574	0.567
权证对价	Warrantscost	0.021	0.045	0.026	0.452	0.651
公司规模	LNsize	0.005	0.007	0.037	0.626	0.532
资产负债率	LevelDebt	−0.176	0.025	−0.386	−7.035	0.000

a. Dependent Variable：ROA

b. F=10.985　R^2=0.157

表6-5 非政府控制的上市公司模型6-2的回归数据分析表

模型		非标准化回归系数		标准化回归系数	t 检验值	显著性检验
		β 值	标准误	β 值		
6-2	（常数项）	−1.152	1.918		−0.601	0.549
股份对价	Sharecost	−0.016	0.121	−0.008	−0.136	0.892
现金对价	Cashcost	0.005	0.085	0.003	0.054	0.957
权证对价	Warrantscost	−0.219	1.596	−0.008	−0.137	0.891
公司规模	LNsize	0.054	0.093	0.039	0.578	0.564
资产负债率	LevelDebt	0.164	0.015	0.702	10.679	0.000

a. Dependent Variable：ROA

b. F = 27.961 R^2 = 0.471

表6-4和表6-5显示了股权分置改革后股权分置改革对价对政府控制的上市公司和非政府控制的上市公司业绩的影响情况。从表6-4中可以看出，股份对价变量 t 值为−2.184，在5%的水平上显著，系数为负，现金对价和权证对价两个变量 t 值分别为0.574、0.452，可见，股权分置改革过程中股份对价的支付对股权分置改革后政府控制的上市公司的业绩产生了负面影响，而现金对价和权证对价对公司业绩的影响不明显。但非政府控制的上市公司样本数据结果显示（表6-5），股份对价、现金对价、权证对价三个变量 t 值均小于0.15，即均与公司业绩不相关。

股份对价对公司业绩产生负面影响的原因也许是股权分置改革是政府（监管当局）全力推动的对我国资本市场会产生重大影响的标志性事件。政府全力推动股权分置改革主要有两方面的原因：一是解决股权分置这一历史遗留问题，使我国的资本市场真正实现全流通，进而促进上市公司治理结构的完善，规范资本市场的发展；二是促进政府控制的上市公司以及政府在非政府控制的上市公司股份的市场转让，并将转让获取的资金用于补充社保基金等用途。在股权分置改革前，政府控制的上市公司占全部上市公司的比例达到了66.16%，在这种情况下，为了股权分置改革顺利地进行，政府只有向其控制的国有上市公司施加压力，提高对价水平（表6-4的结果可以提供证据），以利于股权分置改革的顺利进行。而高对价的支付在一定程度上有可能导致政府控制的上市公司股权分置改革成本的增加和持股比例的快速下降（表6-5的结果可以提供证据），进而影响公司的控制力、决策力和公司业绩。而从表6-5中可以看出，股权分置改革过程中股份对价的支付、现金对价和权证对价对股权分置改革后非政府控制的上市公司的业绩影响均不明显。

不论是政府控制的上市公司还是非政府控制的上市公司，现金对价和权证对价对公司业绩的影响均不显著，我们可以从以下两方面进行分析：一是在已经完成股权分置改革的上市公司中以支付现金作为股权分置改革对价的占全部上市公司的比例为5.7%，这有可能是现金对价对上市公司业绩影响不显著的一个原因；二是选择现金对价支付的上市公司支付的现金数额普遍偏小，这可能是造成现金对价对公司业绩影响不显著的另一个原因。

为了提高对流通股股东股权分置改革参与的心理和现实补偿，部分上市公司设计了权证支付方式，但就我国目前的投资者特别是广大中小投资者来说权证还属于新鲜事物。而且我国目前与权证相关的法律、法规及监督机制还不规范，信用体系不完善，所以在股权分置改革中推行权证得不到投资者的认可，这可能就是很少有公司选取权证支付的主要原因（2.28%的上市公司选择了权证对价）。此外，相对于股份对价和现金对价而言，权证属于未来的承诺，不需要非流通股股东直接支付现金，非流通股股东的支付成本很低，对控制股东利益的影响也比较小，从而难以影响持有非流通股控制股东的行为，无法对控股大股东在股权分置改革后关注股价、提升公司业绩的行为产生有效激励，从而导致权证对价的支付对公司业绩的影响不显著。

第7章 上市公司现金股利分配政策研究

7.1 引言

 始于 2005 年 4 月 29 日的股权分置改革现已全面完成。各上市公司的流通股股东都不同程度地收到了非流通股股东支付的对价，支付方式包括送股、送现、送权证、资本公积金转增、非流通股股东向公司注入现金资产等。股权分置改革的核心是对价。最近的研究表明，终极控制股东不同的公司支付对价水平显著不同（叶勇，张琴，黄雷，2009）。若无特殊情况，上市公司一般都会给股东分配现金股利。MM 理论（1961）认为在完美的资本市场中，上市公司的股利分配对公司价值或股票价格不会产生影响，即著名的"股利无关论"，但现实中的资本市场却是不完美的。与之相对应的是股利相关论。该理论认为投资者非常关心公司的股利分配，尤其是那些主要靠股利生活的普通投资者更是如此。通常认为，公司的股利分配政策受到很多因素的影响，诸如公司的盈利水平、股票价格、公司的现金流量额等。

 在股权分置改革已经完成的情况下，上市公司的现金股利分配政策会有怎样的表现？公司的股权分置改革是否会影响到现金股利的支付？若对价对现金股利的分配产生影响的话，那么终极控制人的性质是否也会影响到上市公司的股利分配政策？在上市公司完成股权分置改革的特殊环境下，其股利分配政策还可能受哪些因素的影响？本研究以 2006—2007 年已完成股权分置改革的上市公司为观测对象，研究上市公司的现金股利分配政策。

 股利的支付方式一般包括以下几种：

 1. 现金股利

 现金股利是指公司用发放现金的方式支付股利。公司发放现金股利的直接结果是公司的留存收益减少，在股本数不发生变化的情况下，上市公司发放现金股利将导致每股对应的净资产相应减少。同时上市公司可以支配的自由现金流量减少。

2. 股票股利

股票股利是指上市公司将未分配利润转增股本。上市公司发放股票股利，会增加发行在外的股本数，同时降低每股所对应的净资产，但是由于每个股东持有的股份会相应地增加，因此股东拥有的净资产总额没有发生变化，股东所拥有股票数量占总股数的比例也不会发生变化。由此可见，股票股利的发放只涉及所有者权益内部结构的调整，不会改变所有者权益的总额。

3. 股票回购

股票回购是一种特殊的股利分配形式，上市公司只有在特定的情况下才会进行股票回购。股票回购是指上市公司用现金买回股东持有的股票，然后将回购的股票注销或者作为库存股保管。股票回购会使上市公司流通在外的股本减少，使股价保持在一个相对合理的水平。

鉴于现金股利在上述三种股利形式中的普遍性和代表性，本书的研究对象主要为现金股利。

现有文献将上市公司的股利政策分为以下几种：

1. 剩余股利政策

剩余股利政策是一种最大程度地保证上市公司对资金的需求的股利政策。实施剩余股利政策的上市公司会首先估计公司下一年的资金需求量，然后从上市公司当年可分配利润中扣除上市公司的资金需求量，剩下的部分以现金股利的方式发放给股东。剩余股利政策首先保证了公司的发展对于资金的需求，使公司能够减少外部融资额，从而节约融资费用，降低资本成本。但是，剩余股利政策将导致公司每年可以发送的股利不稳定，不利于股东筹划自己的资金安排。

2. 稳定的股利政策

稳定的股利政策是指将上市公司支付的现金股利保持在一个固定的水平上，然后依据这个固定的水平逐渐提升股利的支付水平。稳定的股利政策有其独有的优势。由于股利的支付相对稳定，因此可以吸引大批风险厌恶者投资公司，保证公司的融资顺利进行。与此同时，该股利政策还可以树立良好的企业形象，增加市场和投资者对企业的信心。

3. 固定股利支付率政策

固定股利支付率政策需要事先确定一个股利支付率，每年向股东支付的股利数额为本年可分配利润乘以固定的股利支付率。实施该股利政策的上市公司发放的股利依赖于上市公司的可分配利润，因此，固定股利支付率政策下每年支付的股利具有不稳定性，这容易给投资者与市场发出公司盈利能力不稳定的信号。

4. 低股利加额外股利政策

实施该股利政策的上市公司，在平常的年份会支付给股东一个固定数额的现金股利，当上市公司取得比较丰厚的利润时，会在固定数额现金股利的基础上增加额外的股利。该政策使上市公司有比较大的回旋余地，同时可以树立企业良好的形象。

从理论上分析，不论上市公司是否发放股利，股东都拥有该部分资产的所有权。而上市公司发放股利意味着股东必须缴纳收取现金股利的税收。关于投资者对于现金股利的认识与界定，理论界有不同的解释：

1. 税收学说

该学说认为，投资者持有股票的收益来源于两部分：资本利得与股利。而投资者获得资本利得需要支付的税费要远低于获得股利需要支付的税费，鉴于资本利得与股利的税收差异，投资者会偏好发放现金股利比较少或者是不发放现金股利的股票。大量的学者也力图通过构建理论模型或者实证检验的方式来证明该理论存在的合理性。

2. 信号假说

该学说认为：上市公司的经营者与所有者之间存在信息不对称的现象。上市公司的管理人员比股东更清楚公司的内部情况，当管理层认为公司的内在价值大于市场价值时，就会通过发放现金股利的方式向市场释放信号。因此，公司发放更多的现金股利意味着上市公司未来拥有良好的盈利能力。

3. 代理成本解释

该学说有三个不同的观点。Easterbrook（1984）认为公司支付现金股利后，公司可以支配的现金流量就减少。为了应付日常现金的需求，公司必须通过负债的方式引入外部投资者。外部投资者为了自身的资金安全，会加强对管理层的监督，此举可以减少由所有权与经营权分离导致的代理成本，这也是股东愿意承受股利高税收的原因。

Jensen（1986）认为当公司拥有大量的可支配现金流量时，管理者就会利用多余的现金流量来满足自身的需求，损害股东的利益，因而，现金股利的支付可以减少上市公司可以支配的现金流量，限制管理者的自由，减少代理成本。

Allen & Michaely（2003）认为现金股利的发放之所以能够减少代理成本，是由于机构投资者与个人投资者对现金股利需要支付的税赋不同。相较于个人投资者，机构投资者的税赋更轻。因而，经常发放现金股利的上市公司会吸引更多的机构投资者。机构投资者在信息收集、识别优质公司方面具有天然的优势，能够更好地发挥监督职责，降低代理成本。

4. 发行费用解释

MM 理论的一个基本前提便是公司取得外部融资不需要支付发行费用，即上市公司在出现资金需求时，可以按照市场利率借得所需要的资金，而不用支付融资所需要的中介费用。按照此观点，上市公司使用内部留存收益与外部资金所需花费的资本成本是一致的。然而，现实世界并不是 MM 那样描述的完美世界，不论是通过银行借款、发行债券及股票还是其他的方式融资，上市公司都必须支付发行费用。因而，大量的上市公司采取剩余股利政策，在保证公司对资金需求的基础上发放现金股利。

5. 非理性行为解释

MM 理论另外一个基本前提是投资者是理性的个体，投资者偏好财富，以追求经济利益最大化为自己的目标。然而大量的文献证明了投资者并非在任何情况下都是理性的，经济利益也并不是他们追求的唯一目标。

Shefrin & Statman（1984）认为持有股票获取现金股利，销售股票获得现金流量是取得现金的两种不同的方式，不同的人对此有不同的偏好。该学者还借助统计学的方法并从人口特征角度出发，研究了偏好不同股利政策的投资者的人口特征。例如，有研究成果表明年龄较大的投资者出于养老的考虑通常会偏好稳定的股利政策，他们特别厌恶频繁买卖股票所带来的不便利。而很多投资者会出于自我约束的考虑，不愿意动用投资本金，而偏好较高的股利支付率来获取股利以应付日常开支。另外，研究成果也表明，很多人接受现金股利的原因在于害怕出售股票后，股票价格会上涨。

7.2 股利政策的影响因素分析

上市公司虽然在制定股利政策时有一定的自由裁量权，可以自主决定是否支付股利，支付何种形式的股利，股利支付率的高低，股利支付的时间等，但是上市公司并不能随心所欲地制定股利政策。现有文献表明上市公司在制定股利政策时必须同时考虑内部因素与外部因素。内部因素有以下几个方面：

1. 资产变现能力

上市公司资产的变现能力直接关系到上市公司是否能够保持足够的流动性。众所周知，上市公司的经营活动需要一定的现金来应付日常的开支。如果上市公司资产变现能力强，现金收支顺利，公司便有足够的资金来发放现金股利。反之，如果上市公司资产变现能力较差，企业为了保证必需的现金持有量，就不得不减少现金股利的发送，来使公司保持一个合理的流动性水平。

2. 筹资能力

筹资能力强的上市公司能够通过再融资的方式筹集到公司日常经营所需的货币资金，而无须担心缺乏流动性资金会影响到到期债务的偿还以及公司的正常经营活动。与此相对应，如果上市公司缺乏筹资能力，留存收益便为公司生产发展的主要资金来源，在此情况下，公司便不能实行高股利支付率的股利政策。因此，我们可以观察到，一些规模较大、发展较为成熟的大型企业由于融资比较容易，他们通常会给股东支付比较多的现金股利，而一些刚刚成立的小公司，由于其规模小，发展模式不成熟，风险比较大，再融资能力比较弱，他们一般很少支付股利。

3. 企业所在的行业

大量的理论研究与实证结果证明，行业是影响企业股利政策的重要因素。企业所处的行业不同，会实行不同的股利政策。一些新兴行业在快速成长的阶段，可以给股东大量的分红；与此相对应，一些行业处于衰退阶段，规模和经营在不断缩减，无力支付股利。一般情况下，大型的公共企业资金来源有保证，并且后续投资机会较少，会向投资者支付比较稳定的股利。

4. 上市公司的盈利水平是否稳定

在通常的情况下，如果上市公司能够预测自己的盈利水平，就对企业未来的发展拥有良好的信心，就能够更好地对自己的生产经营活动进行统筹安排。与此相对应，如果上市公司的盈利水平波动较大，为了应付突发的状况，企业必须持有大量的现金来保证企业的正常经营活动。因此，盈利水平较为稳定的企业会比盈利水平不稳定的企业发放更多的股利。

5. 投资机会

企业生产经营所需的现金与企业的投资机会的大小有着密切的联系。当企业有大量的投资机会时，企业通常会选择少发放股利或者是不发放股利来满足投资和企业进一步发展的需要。与此相对应，当企业的投资机会比较少时，留存收益就成为闲置资本，企业必须承担持有闲置资本的成本，在这样的情况下，企业会选择发放股利，减少闲置成本，满足股东的相应需求。

6. 企业所处的生命周期

根据通常的规律可知，一个企业从成立到发展壮大一般需要经历三个阶段：成立阶段、成长阶段、成熟阶段。在不同的阶段，企业股利支付规律呈现不同的特点。在企业的成立阶段，一般而言，有大量的投资机会，同时由于企业刚刚成立，面临大量的不确定性，财务风险较高，如果企业采取负债的方式融资需要支付比较高的资本成本，权衡利弊，在这个阶段，企业一般会支付比较少的股利来满足投资的需求。当企业进入成长阶段，企业的获利能力大幅度地提高，同时财务风险降低，企业更多地采取负债的方式进行融资，这个时候企业倾向于发放比较多的股利。当企业进入成熟阶段的时候，盈利能力比较稳定，股利支付水平也会保持在一个稳定的水平，企业会给股东提供可观的收益。

影响企业股利政策的外部因素主要有以下几个方面：

1. 股东因素

财务管理的基本目标在于追求股东价值最大化，上市公司的股利政策作为财务管理的基本活动之一，自然不能脱离股东的利益而存在。一般而言，股东希望股利政策能够满足他们三个方面的需求。

首先，股东希望股利政策能够给他们提供固定的收益，那些依靠股利维持基本生活的人更是如此。很多股东认为公司分配的股利是已经实现的利益，而股利价格上涨的资本利得具有很大的不确定性。

其次，我国大部分的上市公司都有控股股东，控股股东非常关注自身的控股地位。上市公司如果发放太多的现金股利，就不得不通过发行新股的方式进行融资，新股东的引入会动摇控股股东的地位。同时，通过发行新股的方式融资将增加股本总数，降低每股收益与股价，因此，在通常的情况下，控股股东不希望上市公司发放太多的现金股利。

最后，我国税法规定，国家对企业所得征收企业所得税，对个人的股息、红利所得征收个人所得税。因此，出于规避税收的考虑，高收入群体不希望企业发放过多的现金股利。

2. 管理者的因素

现在的上市公司普遍存在所有权和控制权相互分离的情况，这导致了管理者与股东之间信息不对称。管理者在制定上市公司的股利政策时，可能会偏离股东价值最大化的目标，通过股利政策满足自身的私利。

3. 国家的经济环境因素

国家的整体经济状况也与上市公司的股利政策存在一定的联系。当国家整体经济状况向好时，企业的投资机会较多，盈利稳定，发展前途光明，企业可以给股东分配更多的股利。与此相对应，当国家整体经济处于衰退期时，企业必须保留大量的现金来应对突发情况。

当市场的通货膨胀率比较高时，股东的实际收入会降低，为了满足股东的预期，上市公司不得不派发更多的现金股利。

4. 法律环境

上市公司必须遵守国家的法律法规，不然会遭遇法律风险。我国的公司法规定了上市公司发放股利的基本条件，上市公司只有在满足了这些基本条件的前提下，才能够发放现金股利。

公司法对企业的利润分配顺序作出了明确的规定：企业发放股利的前提是有盈利，企业不能使用已有的资本发放股利，发放股利必须先补偿以前年度的亏损，同时公司法规定上市公司必须按照税后利润的10%提取法定公积金；当法定公积金提取到注册资金的50%后，可以不再提取，使用公积金转增资本的，剩下的法定公积金的数额不能低于转增前公司股本的25%。为了保护债权人的利益，公司只有在保证自己的还款能力的情况下才能给股东分配现金股利。

7.3　上市公司制定股利政策的基本原则

股利政策是上市公司基本的财务政策，能否制定合理的股利政策，关系到企业的财务目标能否实现，股东的利益能否得到保护，企业能否持续健康地向前发展，因此制定一项适合公司发展的股利政策具有重大的意义。股利政策的制定离不开原则与理论的指导，现有文献表明公司在制定股利政策的过程中，必须遵循下列原则：

1. 保证股东利益的最大化

企业是股东出资建立的，股东应该拥有企业资产的所有权以及资产的增值权。企业一切财务活动的出发点与归宿点都应为追求股东价值的最大化。股利政策作为企业的一项重要的财务活动，也不能违背这一基本原则。

因此，企业是否发放股利，以何种形式发放股利，发放多少股利，在什么时候发放股利，采取何种股利政策，都应围绕股东价值最大化的目标。企业在缺乏投资机会、拥有大量多余的现金流量的时候，可以多发放股利，让股东享受企业发展的成果。与此相对应，当企业拥有大量的投资机会，同时缺乏现金的时候，为了股东的长远利益，可以不分配股利。

2. 稳定性与连续性的原则

企业在制定股利政策时，切忌股利政策大幅度波动。众所周知，股利具有信号传递功能，股利的大幅度波动会给市场传递企业盈利能力不稳定的信号，降低投资者的预期，使偏好稳定的投资者卖出公司的股票，不利于公司融资活动以及保持稳定的股东队伍。

另外一方面，股利政策的大幅度波动不利于投资者预测自己的股利收入，会影响投资者利用股利进行的再投资活动，特别是那些依靠股利来满足基本生活的股东，股利的大幅度波动会对他们的生活产生极大的影响。因此，上市公司改变股利政策必须非常慎重，只有在确定具有支付能力时才增加股利，在遇到严重财务困难的情况下才减少股利。

3. 保持合理的股价

由于企业的股利政策与股价息息相关，因此，让股价维持在一个合理、稳定的价格上，是我们在制定股利政策时必须考虑的因素。如果上市公司的股价过高，将会降低股票的流动性，同时公司还必须承担股价急速下降的风险；如果公司的股价过低，不利于公司声誉的维持，影响公司采用债权或是股权的方式进行再融资，甚至会导致公司被别的企业兼并或是收购。如果公司的股价波动较大，会损害股东的利益，同时给市场传递公司经营状况不稳定的信号，动摇潜在投资者对公司的信心。

4. 当前利益与长远利益相结合

上市公司制定股利政策的实质在于如何分配可分配利润，确定留存收益与股利两者的比例关系。上市公司发放股利是为了使股东能够及时享受到公司成长带来的成果，而留存收益是公司进一步投资和发展的需要。因此，留存收益与股利分别代表了股东的长远利益与短期利益、当前利益与未来利益。公司在制定股利政策时，既要考虑到股东的当前利益，让股东及时享受到发展成果，又要兼顾企业的长远利益，为企业预留足够的发展基金。

7.4　研究述评

以往的研究表明，未来投资机会、再融资的能力、公司股票价格和未来偿债能力是我国非国有上市公司制定股利政策时所考虑的重要因素，其中再融资能力表现得尤为突出；而我国非国有上市公司制定股利政策时不太考虑公司盈利水平（李礼，王曼舒和齐寅峰，2006）。第一大股东具有发放现金股利的显著动机，公司成长性能够弱化第一大股东分配现金股利的激励（谢军，2006），说明第一大股东因为在公司持有较高的股权，会更积极地为自己争取利益，但其在争取利益的同时也会考虑到企业的成长性问题。而从国际视角对中国的股利支付率和收益率进行研究，发现中国进行派现的上市公司的比例高于美国，而股利支付率也高于国际市场的平均水平（朱云，吴文锋和吴冲锋，2004），且中国上市公司过度投资程度与现金股利支付水平无关（李鑫，2007）。通常情况下，股利支付政策包括剩余股利政策、低正常股利加额外股利政策、固定股利支付率政策与固定股利或稳定增长股利政策。孙茂竹、王艳茹、张祥风（2006）从股利政策的内涵出发，运用博弈论原理，从股东、管理者和债权人的利益冲突入手，指出低正常股利加额外股利是最符合博弈结果的股利政策选择。股权分置条件下，流通股与非流通股的流动性不同，且流通股资本成本低于非流通股资本成本，这种差异必然导致两类股东存在潜在利益冲突，从而使上市公司分配现金股利产生再分配效应——流通股价值向非流通股转移（唐国正，2006）。

Berle 和 Means（1932）的相关研究表明，公司的所有权大都分散在小股东之间，而控制权则掌握在管理者手中，因而造成了经营权与所有权的分离。但最近的研究表明，很多国家的公司都存在控制性股东，并不像他们所认为的那样，所有权和控制权是高度分散的。终极控制权的存在使得其与企业的现金流量权发生偏离，并影响企业价值，不同类别的终极控制股东控制的公司有显著差异（叶勇，刘波，黄雷，2007）。邓建平、曾勇（2005）对家族控制的上市公司股利决策的研究发现，我国家族控制的上市公司股利决策并不是为了消除经理滥用自由现金流的风险，而是和控制性家族自身利益最大化有关。我国非国有上市公司"一股独大"的问题没有国有上市公司那么突出，因此相对而言，非国有上市公司会更加重视流通股股东的利益（李礼，王曼舒和齐寅峰，2006）。在 Jensen 的代理理论框架下，分配现金股利能够减少公司实际控制者可以支配的自由现金流，从而降低代理成本；分配股票股利则不能（Jensen 和 Michael，1986）。但原红旗（2004）却认为，由于我国上市公司特殊的股权结构、治理结构、市场环境以及缺乏解决代理问题的补充措施，因而用西方现有的代理理论来解释中国的股利政策是无效的；恰恰相反，我国上市公司目前的股利政策正是由于代理问题没有有效解决而形成的。就股权分置改革前的经验数据来看，我国上市公司的现金股利政策并未成为降低控股股东与中小股东之间代理成本的有效手段（党红，2008）。陈信元（2003）通过案例研究发现，"佛山照明"连续多年的高派现并没有促进公司价值的提高，一种可能的原因是现金股利是大股东转移利润的工具。李常青（1999）对我国上市公司股利政策的现状及其成因进行了分析，认为在我国的上市公司中，股利支付率不高，不支付股利的公司逐年增多，股利政策不断推陈出新，股利政策波动多变，缺乏连续性，并且股利的制订方案经常随意改动，造成股票价格的异常波动；同时认为其主要原因是我国特殊的股权结构，即流通股比例比较低，股权分置。Faccio 等（2001）通过研究发现在家族控股的东亚上市公司中，控股股东更倾向于投资那些收益为负的项目来获取超额收益，而不愿意将公司的利润以股利的形式放给广大投资者。Baker 和 Wurgler（2004a；2004b）提出的股利迎合理论认为公司之所以支付股利，主要原因在于管理者必须理性地满足股东对股利不断变化的需求。Fang Huang 等（2008）的研究表明，超过三分之二的企业因为股权分置改革股票价格有所上涨。Lee 和 Xiao（2004）则认为，发放现金股利是大股东圈钱的工具，是上市公司向大股东的"利益输送"，发现中国上市公司的控股股东通过放弃配股权以及在配股后增加现金股利的支付方式来实现非流通股的变现，侵害了中小股东的利益。La Porta 等（2000）则指出，发放现金股利可以减少大股东的控制权私有利益，从而对大股东的"隧道效应"行为起到约束和限制作用。

股权分置改革是我国资本市场上特有的现象，因此有关股权分置改革的文献以国内研究居多，且主要是对价的影响因素分析，而以往关于股利分配政策的研究基本是基于股权分置条件下的研究。股权分置条件下，流通股股东和非流通股股东的取得成本不同，利益也会有差异。股权分置改革完成后，非流通股上市流通，两类股东的利益逐渐趋于一致。这样的情况下股利分配政策会有怎样的表现？公司分配的股利是增加了还是减少了？国有控股和非国有控股企业的股利分配政策是否有显著区别？由于现有文献研究股利政策时大都没有区分公司的控制权模式，因此，本书试图从控制人角度研究股权分置改革完成后的上市公司股利分配政策。

7.5　理论分析与假设提出

股利是股息和红利的合称。上市公司在年终结算后，一般会将盈利的一部分分配给股东，但不是每家公司都会分配股利。股利的分配往往涉及很多方面的原因，如必须有盈利，即遵循"无利不分"原则；若企业的发展前景好，即使公司的留存利润很多，也不一定会发放股利，而是扩大投资规模，争取获得更多的利润。此外，即使公司打算分配现金股利，也要有足够的现金流量支持其股利分配。常见的股利分配形式有现金股利、股票股利和财产股利三种。现金股利是上市公司以货币形式支付给股东的红利，也是最常见的股利支付形式。本书研究的是现金股利的分配，不涉及另外两种股利的分配。

对价是上市公司在股权分置改革过程中由非流通股股东给予流通股股东的补偿，一般表现为送股形式，也有公积金转增、资产重组和债务重组等其他形式。公司要顺利通过股权分置改革，首先必须经流通股股东同意。要获得流通股股东的同意，非流通股股东必须付出代价，这个代价就是支付对价。同样，上市公司要分配现金股利，先要经股东大会的认可。是否分配股利以及分配多少股利是股东大会讨论的重点。前人的研究表明，上市公司的股权分置改革对价受到很多因素的影响，如非流通股持股比例、公司业绩等是影响上市公司股权分置改革对价的重要因素，同时股改方案还集中体现了公司的经营能力和未来成长能力的重要性（赵俊强，廖士光和李湛，2006）。各公司的股权分置改革对价也有差异，但大多集中在 10 送 3 的水平上，呈现显著的"群聚现象"（沈艺峰，许琳和黄娟娟，2006）。公司的业绩越好，非流通股股东越会愿意支付较多的对价以获得股票的上市流通。但在股权分置改革完成后，若公司之前在股权分置改革时支付了较高的对价水平，其在分配现金股利时可能不太愿意支付高水平的现金股利。同样是股权分置改革，支付高水平对价的公司的自然比支付低水平对价的公司感到不平，只不过他们迫于当时的特殊环境，为了顺利通过股权分置改革而不得不采取的临时措施。因此，股权分置改革后支付的现金股利会有所减少。据此，本书提出如下假设：

H1：股权分置改革完成后，上市公司支付的现金股利与股权分置改革对价成负相关关系。

最近的研究表明，上市公司终极控制股东为国有控股时，流通股股东获得的对价较高；终极控制股东为非国有控股时，流通股股东获得的对价较低（叶勇，张琴，黄雷，2009）。国有控股企业在作出决策时，更注重从宏观方面把握公司的整体利益。一方面，股权分置改革过程中，国有企业代表的是国家，自然要发挥表率作用，若股权分置改革方案不能顺利通过，则会提高对价的支付水平以争取方案的顺利通过。另外一方面，也可能是由于国有企业的所有权不像非国有企业那样明晰，所以其愿意支付较高水平的对价。类似地，在现金股利分配方面，基于同样的原因，国有控股企业在股利分配决策方面，较非国有控股企业会支付更多的现金股利。此外，上市公司拥有的现金流量权越高，公司越倾向于分发较高比例的股利，非理性分红的欲望也越强；同时，其控制权与现金流量权分离程度越高时，公司越倾向于不分配或分配较低比例的股利，非理性分红的欲望越弱（邓建平，曾勇，2005），又由于上市公司终极控制股东控制权和现金流量权的偏离度最小的是政府作为终极控制股东的情况，且政府作为终极控制股东时，其现金流量权（平均为45.47%）明显高于非政府控制的企业（家族企业为23.92%，特殊法人企业为30.09%）（叶勇，刘波，黄雷，2007）。据此，本书提出如下假设：

H2：国有控股企业较非国有控股企业会支付更多的现金股利。

上市公司的资产负债率越高，财务风险越大，债权人承担的风险也越大。但投资者除了承担财务风险以外，还要承担经营风险。经营风险不变的情况下，公司的财务风险越大，总风险也越大（总风险＝财务风险×经营风险），因而投资者要求分配的现金股利也会越多。尤其是普通投资者，他们更希望公司盈利时多给他们分配股利，这些投资者比较推崇"在手之鸟"的理论（Gordon，1959），即"双鸟在林，不如一鸟在手"，用留存收益再投资带给投资者的收益具有很大的不确定性，并且投资风险将随着时间的推移而进一步增大。因此，投资者更喜欢现金股利，而不大喜欢将利润留给公司，若对公司股价不满意，则"用脚投票"。据此，本书提出如下假设：

H3：上市公司的资产负债率越高，投资者获得的每股现金股利也越高。

虽然支付股利由股东大会决定，但绝大部分公司都存在控制股东，且控制股东的持股比例一般比较高，所以他们在股利支付决策中发挥的影响会特别大。上市公司普遍存在着终极控制股东，终极控制人通过金字塔式的股权结构控制公司并以此获取控制私利，并进而影响到公司的重要财务决策（孙健，2008）。股利分配政策作为财务决策的一个重要方面，也极有可能受到影响。终极控制股东持有的上市公司股权足以使其在公司的治理决策中发挥重要作用。唐国正（2006）对股权二元结构下的股利政策研究后认为，由于再分配效应的存在，分配现金股利可能是大股东的掠夺行为。第一大股东具有发放现金股利的显著动机，而且这种动机不受股东性质的显著影响，即第一大股东的持股增加会强化公司发放现金股利的倾向，但企业成长性机会能够弱化第一大股东分配现金股利的激励（谢军，2006）。这说明公司有很好的成长机会时，能够在一定程度上约束第一大股东分配现金股利的行为，但很多情况下，公司的第一大股东往往也是公司的终极控制股东。所以，在控制权逐渐增大的情况下，公司也会越倾向于发放更多的现金股利。再者，在股权高度集中的上市公司里，管理者制定股利政策主要是为了迎合大股东的需求（黄娟娟和沈艺峰，2007），并且上市公司股权集中度越高则派现倾向越强（阎大颖，2004；徐国祥，苏月中，2005）。LaPorta等（2000）也指出，随着中小投资者法律保护的完善，大股东会采取更为隐蔽的手法来剥夺中小股东的利益，其中其能够利用的剥削方式主要就是通过影响上市公司的股利支付来剥削中小投资者的非理性行为。显然，上市公司的每股净资产越大，投资者的每股投资成本也会越高。相应地，要求的现金股利也会越高。据此，本书提出如下假设：

H4a：上市公司终极控制股东的控制权越大，每股现金股利越高。

H4b：每股净资产越大，每股现金股利也越高。

7.6 研究设计

1. 模型的建立和变量定义

为了考查对价对股权分置改革完成后的股利分配政策的影响问题，我们建立如下的基本回归模型：

$$Divid = \alpha_0 + \alpha_1 Cons + \alpha_2 IFstate + \alpha_3 LevelDebt + \alpha_4 Contr + \alpha_5 DR + \alpha_6 Netass + \alpha_7 Distr + \alpha_8 Order（Days）+ \alpha_9 Lnsize + \alpha_{10} Roe + \alpha_{11} Growth + \varepsilon$$

其中ε为随机波动项。各变量的定义如表7-1所示：

表 7-1   模型中相关变量定义

变量类型	名称	定义
被解释变量	每股股利（Divid）	股权分置改革完成后的下一年上市公司向投资者发放的每股现金股利。如上市公司是2005年完成股改的，则指其向投资者分配的属于2006年度的现金股利；如为2006年完成股改的，则指其向投资者分配的属于2007年度的现金股利
解释变量	对价（Cons）	流通股股东每持有10股流通A股可获得的由非流通股股东支付的股份数量。若公司采取非纯送股方案，则对价为综合考虑各方案后统一折算为每持有10股流通A股所获得的由非流通股股东支付的股份数量
	是否国有控股（IFstate）	上市公司终极控制股东是否为国有控股；是为1，否则为0
	资产负债率（LevelDebt）	上市公司的资产负债率
	控制权（Contr）	上市公司终极控制股东持股比例
	偏离度（DR）	偏离度为上市公司的现金流量权与控制权的比例
	每股净资产（Netass）	上市公司每股净资产＝上市公司股东权益/全部股份数

表7-1(续)

变量类型	名称	定义
控制变量	地区虚拟变量（Distr）	上市公司注册地所属地区；若为东部则为1，若为西部则为0
	股改批次（Order）	股改的批次信息，如全面股改第一批为1，全面股改第二批为2
	股改已完成时间（Days）	上市公司股权分置改革方案正式公告之日起至2007年年底经过的天数
	规模（Lnsize）	上市公司资产规模的自然对数
	净资产收益率（Roe）	上市公司净资产收益率=净利润/股东权益
	营业利润增长率（Growth）	上市公司营业利润增长率=本期营业利润/上期营业利润-1

注：本书的被解释变量选用的是上市公司股权分置改革后支付的每股现金股利绝对指标，而不是相对指标，主要是考虑到已有的文献中，很多学者也选用每股现金股利这个指标（如雷光勇和刘慧龙的《市场化进程、最终控制人性质与现金股利行为》一文，2007）或者是公司是否支付现金股利的虚拟变量指标（如王化成等的《控股股东对上市公司现金股利政策影响的实证研究》一文，2007），因此本书选择每股现金股利指标进行研究具有实际意义。

2. 数据来源及样本选择

本书的数据来源于 CCER 数据库（其中对价和控制权两个变量数据不可得，均为笔者手工收集）。以截至 2007 年 12 月 31 日沪深证券交易所 1 315 家主板上市公司（其中沪市 840 家，深市 475 家）为基准，首先剔除截至 2006 年年底尚未完成股权分置改革的 122 家公司，然后再剔除综合对价水平无法合理确定的公司 26 家（因这些公司只公布股权分置改革方案，但并未在股权分置改革说明书中公告最终的综合对价水平，其对价水平无法合理确定，故剔除这些公司），最终选取的样本数据为 1 167 家公司（深市 421 家，沪市 746 家），占当年全部上市公司的 88.7%，其中国有控股与非国有控股企业分别为 776 家和 391 家。2006 年有 615 家公司发放了现金股利，平均分配的现金股利为 0.151 元/股，该年全部上市公司平均发放的现金股利仅为 0.071 元/股。2007 年共 627 家公司发放了现金股利，平均分配的现金股利为 0.162 元/股，该年全部上市公司平均发放的现金股利则为 0.077 元/股，而 2006 年和 2007 年连续两年均发放现金股利的公司只有 501 家，不到 2007 年年底沪深主板上市公司数的三分之一。

3. 描述性统计分析

表 7-2
 描述性统计

	均值	标准误差	中位值	众数	最小值	最大值	样本数
Divid	0.077	0.004	0.000	0.000	0.000	2.000	1 122
Cons	2.962	0.025	3.000	3.000	0.170	10.300	1 122
IFstate	0.668	0.014	1.000	1.000	0.000	1.000	1 122
LevelDebt	0.696	0.093	0.534	0.500	0.033	82.560	1 122
Contr	37.476	0.447	36.265	36.800	4.830	83.830	1 122
DR	0.803	0.008	1.000	1.000	0.044	1.000	1 122
Netass	3.339	0.069	2.984	1.789	-8.139	24.080	1 122
Distr	0.580	0.015	1.000	1.000	0.000	1.000	1 122
Order	25.087	0.434	23.000	23.000	1.000	64.000	1 122
Days	648.776	3.360	657.000	665.000	366.000	840.000	1 122
Lnsize	21.525	0.039	21.490	20.962	0.850	27.901	1 122
Roe	0.180	0.154	0.076	0.022	-45.552	165.266	1 122
Growth	0.488	0.412	0.319	1.413	-208.139	173.796	1 122

由表 7-2 的描述性统计分析可知：①股权分置改革完成后一年内上市公司平均分配的现金股利仅为 0.077 元/股，但中位值仅为 0 元/股，大多数公司分配的现金股利处于较低水平，其中低于 0.1 元/股（含 0.1 元/股）的公司近 900 家；近半数上市公司并未分配现金股利。公司间分配的现金股利也有明显区别，最高为 2 元/股。实际上，只有 3 家公司（000869，000792，600497）分配的现金股利在 1 元/股以上，其余公司的现金股利均在 1 元/股以下。总体看来，我国上市公司的股利分配水平较低。②股权分置改革对价均值为 2.962，接近于以往研究的 10 送 3 水平，但对价的差异较大，最低仅为 10 送 0.170，最高为 10 送 10.3，相差近 60 倍。③样本企业中，国有控股企业占了约 2/3；各企业的资产负债率也差别明显，平均为 69.6%，范围为 3.3% ~ 8 256.0%，其中资产负债率在 50% 以上的公司就有 641 家，上市公司的财务风险普遍较大。④终极控制股东持股比例平均为 37.476%，不同公司控制权差异巨大，最大持股比例为 83.830%，而最小值仅为 4.830%。公司的每股净资产则比较特殊，少数公司的每股净资产出现了负数。本书所用到的样本公司中制

造业公司占了半数以上。上市公司股权分置改革已完成时间均为一年以上，最高约为 2.3 年。同时，描述性统计表的结果还反映出上市公司的净资产收益率和营业利润增长率均有较大差异。

表 7-3 分别显示了国有和非国有控股两类企业在股权分置改革完成后分配的现金股利和公司的控制权水平。显然，国有控股企业平均支付的现金股利比非国有控股企业高，前者约为后者的两倍，且前者的控制权也比后者高；两类企业都存在未支付现金股利的现象，但国有控股企业支付的现金股利最大值也约为非国有控股企业的两倍。这说明，在国有控股企业里，投资者分到的现金股利普遍比非国有控股企业的高，而不像有的研究所认为的那样，非国有上市公司会更加重视流通股股东的利益（李礼，王曼舒和齐寅峰，2006），但在一定程度上，两类企业的比较结果体现出上市公司股权集中度越高则派现倾向越强（阎大颖，2004；徐国祥和苏月中，2005）。另外，我们可以看出，公司的控制权水平在两类企业当中也表现出了明显的差异。国有企业控制权水平的平均数大于非国有企业。国有企业控制权的最小值是非国有企业的两倍，国有企业控制权的最大值也大于非国有企业。这体现了我国特殊的制度背景，我国非国有企业受国家的管制更少，股权更为分散，大股东对于企业的控制权更低。而国有控股的企业，性质比较特殊，除了追求股东利益最大化外，还必须承担地方管理、公共事业建设等任务，为了企业能顺利地完成上述任务，国家必须持有较高比例的股份以保证对企业的绝对控制权。

表 7-3　　　　　两类不同企业分配的现金股利及控制权比较

	现金股利		控制权	
	非国有控股企业	国有控股企业	非国有控股企业	国有控股企业
平均	0.050	0.090	32.487	39.960
中位数	0.000	0.034	29.140	39.860
众数	0.000	0.000	20.340	39.140
标准差	0.124	0.150	14.292	14.681
最小值	0.000	0.000	4.830	8.700
最大值	1.100	2.000	80.140	83.830
样本数	373	749	373	749

7.7　实证检验及分析

1. 相关系数检验

相关系数检验结果如表 7-4 所示：

表 7-4　　　　　　自变量与因变量之间的 Pearson 相关系数

	Divid		
Cons	-0.110^{***}	-0.157^{***}	-0.132^{***}
IFstate	0.132^{***}		
LevelDebt	-0.035	-0.107^{***}	-0.040
Contr	0.236^{***}	0.232^{***}	0.168^{***}
DR	0.053	-0.002	0.004
Netass	0.404^{***}	0.403^{***}	0.370^{***}
Distr	0.019	-0.002	-0.077
Order	-0.174^{***}	-0.167^{***}	-0.165^{***}
Days	0.162^{***}	0.155^{***}	0.153^{***}
Lnsize	0.303^{***}	0.320^{***}	0.232^{***}
Roe	-0.001	0.054	-0.016
Growth	0.012	0.026	0.006
样本数	1 122	749	373
企业性质	—	国有控股	非国有控股

注：***、** 和 * 分别表示结果在 1%、5% 和 10% 水平上显著。

表 7-4 给出了自变量和因变量之间的 Pearson 相关系数检验结果。总体看来，股权分置改革完成后上市公司分配的现金股利与对价呈显著负相关关系且在两类企业均显著；国有控股企业支付的现金股利较非国有控股企业要高，国有控股企业的相关系数大于非国有企业的相关系数，说明国有控股企业的现金股利水平受到对价的影响更大。H1 和 H2 都间接得到了验证。资产负债率水平则与现金股利成负相关关系，但仅在国有控股企业里显著，非国有和全样本下并不显著，与我们的假设不一致。在全样本企业和分类结果中均显示上市公司的控制权越大，现金股利越高，与 H4a 一致，和阎大颖、徐国祥等的研究结果类似，即上市公司的股权集中度越高，公司派现倾向越强（阎大颖，

2004；徐国祥和苏月中，2005）。同时两者的相关关系在国有企业中表现得更为明显。公司的每股净资产越大，支付的现金股利越多，两类企业没有明显区别。上市公司的偏离度与现金股利的关系在两类上市公司中表现出了明显的差异：在国有控股的公司中，偏离度与现金股利的支付负相关；而在非国有的上市公司中，两者的关系正相关。当我们使用全样本来度量两者之间的关系时，相关系数为正，然而上述系数在统计上都不显著。上市公司的规模在全样本、国有控制的公司、非国有控股的公司当中都与上市公司现金股利支付水平显著正相关，证明规模更大的公司会支付更多的现金股利。净资产收益率与现金股利支付的相关关系在三类样本中都不显著，同时国有控股与非国有控股公司与现金股利支付水平的关系完全相反。营业利润增长率在三类样本中都显示出与现金股利支付水平有正相关关系，但是三者在统计上都不显著。股权分置改革已完成的时间在三类样本中都与现金股利支付的水平显著正相关，证明股权分置改革完成的时间越长，现金股利支付水平越高。这也充分说明了股权分置改革完成的时间越长，股东之前的利益越是趋于统一。股权分置改革批次在三类样本中都与现金股利支付水平显著负相关，说明与在第 2 批次完成全面股权分置改革的上市公司相比，在第 1 批次完成全面股权分置改革的上市公司支付了更多的现金股利。

就控制变量来说，东部地区上市公司支付的现金股利比中西部地区上市公司支付的多，但在统计上并不显著。随着股权分置改革批次的增加，两类企业的股东获得的现金股利均呈递减趋势，原因可能是股权分置改革批次影响到对价的支付，进而影响到股权分置改革后对现金股利的支付。股权分置改革已完成时间越长，支付的现金股利越多，说明随着非流通股逐渐上市流通，非流通股股东与流通股股东的利益倾向逐渐趋于一致。从这个意义上讲，股权分置改革是成功的。公司的规模越大，分配的现金股利越多，可见成长性好的公司将支付相对较高的现金股利，无论是国有还是非国有控股企业都是如此。而净资产收益率与现金股利的支付则没有明显的线性相关关系，公司的营业利润增长越快，公司的支付能力越强，分配的现金股利越多，但也没有统计上的意义。

2. 回归分析（全部及分组检验结果）

运用多元回归分析方法，表 7-5 进一步检验了各变量对上市公司的现金股利分配政策的影响。对于模型 1 和模型 2，全样本和国有控股企业的常数项检验分别在 1% 和 5% 水平上显著为负，非国有控股企业不显著。与前面的Pearson 相关系数检验一致，股权分置改革对价与现金股利仍然是显著负相关，且显著性水平非常高，只是两类企业的显著性水平略有不同，非国有控股企业的显著性水平要低一些，假设 1 得到有效验证。终极控制人的类别与现金股利正相关，但结果已经完全不显著了，不同于前面的相关系数检验，假设 2 未得到很好验证。资产负债率水平与现金股利的相关关系不管是全样本还是分组检验均不显著，且两类企业的相关系数方向完全相反，与 Pearson 相关系数检验也不一致，假设 3 未能较好验证。至于终极控制股东控制权与现金股利的关系，显然显著正相关，两类企业里假设 4a 都得到很好的验证，但全样本和国有控股样本的显著性水平更高，均为 1% 水平上显著，非国有控股样本检验的显著性水平稍低一些，为 5% 水平上显著。现金流量权与控制权的偏离度越大，上市公司支付的现金股利越多，但表现并不显著。显而易见，公司每股净资产越大，股权分置改革后支付的每股现金股利越高，且在 1% 水平上显著，假设 4b 得到验证。

表 7-5 　　　　　　　　　　　模型回归结果

自变量	因变量：Divid					
	模型 1			模型 2		
	系数 （显著性）	系数 （显著性）	系数 （显著性）	系数 （显著性）	系数 （显著性）	系数 （显著性）
常数项	-0.223*** (-2.859)	-0.289** (-2.474)	-0.138 (-1.347)	-0.280*** (-3.776)	-0.354*** (-3.198)	-0.179* (-1.838)
Cons	-0.024*** (-4.815)	-0.031*** (-4.406)	-0.015** (-2.387)	-0.023*** (-4.724)	-0.031*** (-4.346)	-0.015** (-2.326)
IFstate	0.009 (0.976)			0.009 (0.942)		
LevelDebt	0.002* (1.657)	-0.019 (-0.865)	0.001 (1.192)	0.002 (1.636)	-0.020 (-0.919)	0.001 (1.179)
Contr	0.002*** (5.795)	0.002*** (5.228)	0.001** (2.315)	0.002*** (5.813)	0.002*** (5.252)	0.001** (2.311)
DR	0.005 (0.309)	0.003 (0.153)	0.004 (0.210)	0.005 (0.339)	0.004 (0.166)	0.005 (0.235)
Netass	0.019*** (9.807)	0.019*** (7.188)	0.016*** (5.606)	0.019*** (9.918)	0.019*** (7.222)	0.016*** (5.705)
Distr	-0.002 (-0.316)	-0.011 (-1.097)	0.013 (1.084)	-0.002 (-0.266)	-0.011 (-1.066)	0.014 (1.116)
Order	-0.001** (-1.958)	-0.001 (-1.591)	-0.000 (-0.992)			
Days				0.000 (1.546)	0.000 (1.286)	0.000 (0.754)

表7-5（续）

自变量	因变量：Divid					
	模型 1			模型 2		
	系数 （显著性）	系数 （显著性）	系数 （显著性）	系数 （显著性）	系数 （显著性）	系数 （显著性）
Lnsize	0.012*** （3.296）	0.017*** （3.099）	0.007 （1.582）	0.012*** （3.337）	0.017*** （3.144）	0.007 （1.604）
Roe	0.001 （0.782）	0.002 （0.667）	0.000 （0.438）	0.001 （0.772）	0.002 （0.669）	0.000 （0.427）
Growth	0.000 （0.190）	0.000 （0.231）	0.000 （0.063）	0.000 （0.197）	0.000 （0.244）	0.000 （0.061）
调整后的 R^2	0.214	0.221	0.157	0.213	0.220	0.156
F 统计量 （P 值）	28.732 （0.000）	22.223 （0.000）	7.906 （0.000）	28.564 （0.000）	22.109 （0.000）	7.856 （0.000）
Durbin —Watson	1.617	1.578	1.859	1.619	1.580	1.860
样本数	1 122	749	373	1 122	749	373
企业性质	—	国有控股	非国有控股	—	国有控股	非国有控股

注：①***、** 和 * 分别表示回归结果在 1%、5% 和 10% 水平上显著，括号内的值为 T 值。②随着股权分置改革批次的增加，上市公司股权分置改革历经的时间也逐渐变长，这可能影响到模型的准确性和适用性，因此我们对股权分置改革批次和股权分置改革已完成时间两个变量分别加以考虑。实证结果也表明，将两个变量放在一个模型中进行回归时，Order 和 Days 两个变量的方差膨胀因子（VIF）均高达 60，容忍值也仅为 0.017，变量之间可能存在严重的共线性问题。所以，有必要对两个变量分别进行讨论。

对于模型 1 和模型 2，在控制变量方面，东部与中西部地区上市公司支付的现金股利没有太大的差异，在统计上均不显著，且除了国有控股企业的回归结果与前面的相关系数方向检验一致以外，全样本和非国有控股企业的回归结果均与其方向相反。随着股权分置改革的深入，全部企业支付的现金股利是在逐渐减少的，其统计结果在 5% 水平上显著，而股权分置改革已经历的时间无论是对全样本还是分组样本来说，均没有太大的意义，与前面的相关系数检验差别很大。资产规模越大，支付的现金股利越多，但在非国有控股企业里仍不显著，与前面的相关系数检验基本一致。资产规模可以用来衡量公司的成长性，资产规模越大，公司的成长性越好。成长性越好的公司，其在股权分置改革完成后越倾向于派现。不同于谢军（2006）之前的研究，公司的成长性能够弱化第一大股东分配现金股利的激励。这说明股权分置改革完成后公司的现金股利分配政策与以前相比已经有所不同了。

我们进一步将控制权和终极控制股东的类型分开进行回归以检验结果（见表7-6）。研究发现，终极控制股东为国有时，上市公司支付的现金股利较高，且在5%水平上显著，假设2在这里得到了有效的检验。同样，模型3中，资产负债率越高，支付的现金股利也越高，且显著性水平较高，为5%水平上显著，假设3也得到了验证。模型5和模型6中，控制权仍然与现金股利显著正相关，T检验效果非常好，T值均接近6。至于其他变量的检验结果则与模型1和模型2的结果基本一致，在此不予赘述。总体看来，四个假设均得到了很好的验证，只是显著性水平不同而已。特别是假设1、假设4a和假设4b，各个模型中无论是全样本还是分组检验，回归结果都非常显著。实证结果进一步证明我国非国有上市公司并非像李礼、王曼舒、齐寅峰（2006）认为的那样，会更加重视流通股股东的利益，尽管其"一股独大"的问题没有国有上市公司那么突出。当然这也有可能是股权分置改革造成的结果。本书的研究明显表明，非国有上市公司分配的现金股利没有国有上市公司分配的现金股利高，上市公司的派现倾向随着股权集中度的增大而增大，与阎大颖和徐国祥等的研究结论一致。

表7-6   模型回归结果——续表

自变量	因变量：Divid					
	模型 3	模型 4			模型 5	模型 6
	系数（显著性）	系数（显著性）	系数（显著性）	系数（显著性）	系数（显著性）	系数（显著性）
常数项	-0.253*** (-3.210)	-0.320*** (-4.263)	-0.184* (-1.874)	-0.429*** (-3.835)	-0.242*** (-3.210)	-0.297*** (-4.105)
Cons	-0.020*** (-4.085)	-0.020*** (-3.994)	-0.015** (-2.260)	-0.024*** (-3.332)	-0.023*** (-4.717)	-0.022*** (-4.631)
IFstate	0.017* (1.747)	0.017** (1.715)				
LevelDebt	0.003** (2.071)	0.003** (2.050)	0.002 (1.390)	-0.028 (-1.272)	0.002* (1.653)	0.002 (1.632)
Contr					0.002*** (5.981)	0.002*** (5.995)
DR	0.004 (0.243)	0.004 (0.273)	0.008 (0.369)	-0.005 (-0.231)	0.011 (0.758)	0.011 (0.776)
Netass	0.019*** (9.938)	0.019*** (10.052)	0.016*** (5.807)	0.019*** (7.187)	0.019*** (9.930)	0.019*** (10.038)

表7-6（续）

自变量	因变量：Divid					
	模型 3	模型 4			模型 5	模型 6
	系数（显著性）	系数（显著性）	系数（显著性）	系数（显著性）	系数（显著性）	系数（显著性）
Distr	-0.002 (-0.199)	-0.001 (-0.149)	0.015 (1.239)	-0.011 (-1.078)	-0.003 (-0.371)	-0.002 (-0.320)
Order	-0.001** (-2.22)				-0.001* (-1.882)	
Days		0.000* (1.810)	0.000 (0.806)	0.000 (1.522)		0.000 (1.471)
Lnsize	0.015*** (4.269)	0.015*** (4.308)	0.009* (1.915)	0.023*** (4.271)	0.012*** (3.572)	0.013*** (3.607)
Roe	0.000 (0.583)	0.000 (0.572)	0.000 (0.306)	0.002 (0.570)	0.001 (0.726)	0.001 (0.718)
Growth	0.000 (0.694)	0.000 (0.705)	0.000 (0.394)	0.000 (0.498)	0.000 (0.139)	0.000 (0.147)
调整后的 R^2	0.191	0.190	0.146	0.192	0.214	0.213
F 统计量（P 值）	27.441 (0.000)	27.236 (0.000)	8.039 (0.000)	20.755 (0.000)	31.511 (0.000)	31.334 (0.000)
Durbin-Watson	1.606	1.608	1.859	1.553	1.619	1.620
样本数	1 122	1 122	373	749	1 122	1 122
企业性质	—	—	非国有控股	国有控股	—	—

注：①*** 、** 和 * 分别表示结果在 1%、5%和 10%水平上显著，括号内的值为 T 值。②国有控股企业的控制权（40.1%）比非国有控股企业（32.518%）的控制权要高，且根据叶勇等（2007）的研究，各类企业的控制权是明显有差异的。我们认为，企业的控制人类型可能会影响到其对上市公司的控制权水平。因此，本书分别对两变量进行回归，以检验上市公司的现金股利政策是否有明显的差别。

3. 可靠性和多重共线性检验

为了确认回归结果的可靠性，我们用市净率来替代每股净资产，用现金流量权来替代控制权变量并进行回归检验，发现主要的实证结果仍未发生变化（限于篇幅，未能列出），回归结果比较稳定。此外，回归模型自变量之间的相关系数均较小，仅是资产规模与每股净资产的相关系数较大，为-0.349，其余均在 0.100 以下（限于篇幅，未能列出）。各模型调整后的 R^2 除了非国有控股企业的在 0.15 左右以外，其余均在 0.2 左右，模型的 F 统计值也较大，模型的拟合度较好。多重共线性诊断结果也表明，绝大部分容忍值接近 1，方差膨胀因子（VIF）在 1 和 2 之间，仅仅是大于 1，但远小于 5，自变量之间的共线性很弱。据此可以认为自变量之间不存在严重的多重共线性问题。

7.8　研究结论

在股权分置改革的背景下，本书研究了上市公司的现金股利分配政策。研究发现，股权分置改革过程中支付的对价水平对股权分置改革完成后的现金股利分配政策产生明显影响，具体表现为：

（1）股权分置改革后上市公司支付的现金股利与其股权分置改革时支付的对价水平呈显著负相关关系。

（2）将全部样本企业划分为国有和非国有控股的情况下，研究的结果也表明国有控股企业比非国有控股企业支付的现金股利更多。与前人的相关研究相比，股权分置改革后上市公司分配的现金股利与股权分置条件下分配的现金股利政策有所不同，以前的研究认为我国非国有上市公司会更加重视流通股股东的利益，但我们的研究表明股权分置改革后我国国有上市公司支付的现金股利反而更多一些。从某种程度上来说，股权分置改革完成后国有企业对流通股股东利益的重视程度有所提高，其大股东剥夺小股东利益的现象有所缓解，大股东的"隧道效应"行为受到了一定约束。

（3）上市公司的资产负债率越高，其支付的现金股利也越高。该结论不同于通常人们所认为的那样，公司资产负债率越高，其债务成本支出越高，税后净利越低，支付的现金股利也越低。本书的研究结论说明公司发展前景好时利用负债筹资能带来更多杠杆利益，从而为投资者谋取更多的利益，公司价值越大，从而能够支付较多的股利。因为通常情况下，债务融资的成本总是小于股权资本成本。另一方面，也是投资者承担的总风险高于债权人承担的财务风险的结果。

（4）上市公司终极控制股东的控制权越高，支付的每股现金股利也越高，体现出股权分置改革完成后，上市公司的大股东利益和流通股股东的利益逐渐趋于一致，股权分置改革能够在一定程度上降低大股东利用上市公司"圈钱"的可能性。

本书基于股权分置改革完成后的数据探讨了上市公司的现金股利分配政策。研究发现，与以往的研究相比，股权分置改革完成后上市公司的现金股利分配政策与股权分置改革前相比有较大区别。股权分置改革有利于两类股东的利益选择逐渐趋于一致，这在本书的研究中得到了较多体现。从这个意义上来说，股权分置改革是比较成功的。同时，本书的研究也丰富了公司股利分配政策方面的相关内容，对投资者作出投资决策有一定的帮助。

第8章 股权结构、媒体监督与过度投资

8.1 引言

投资对我国经济的增长有着重要的作用，有效的投资是公司未来现金流增长的重要基础和公司成长的重要推动力，是企业价值增加的根本所在。据统计，2012 年我国固定资产的总投资额为 374 676 亿元，比上年增长 20.3%；2012 年我国对外投资额达 652 亿美元，投资额增长 54%。我国投资额的增加显示了我国工业强大的发展动力及发展潜力，但是在我国的企业里也存在着盲目投资、投资过度的现象。相关数据显示，在 2012 年我国旅游地产投资项目超过 3 000 个，投资额破万亿，然而多个项目却被空置。这种现象造成了资源的浪费和对投资者利益的侵害，对个体公司以及整个产业的发展都是极其不利的，因此如何减少企业的非效率投资和过度投资以及提高企业的投资效率成为我国经济发展亟待解决的现实问题。

公司的过度投资问题主要是由经理和股东之间的第一类代理问题以及控股股东与小股东之间的第二类代理问题引起的，尤其是在我国这样一个"新兴+转轨"的经济国家，对管理者的约束和激励机制还不健全和完善，管理者有着更强烈的动机去通过过度投资获取私利。那么我国现有的公司治理机制能否起到约束管理者过度投资的作用呢？学者们分别研究了负债（李胜楠，牛建波，2005；徐玉德，周玮，2009）、第一大股东持股比例（饶玉蕾，汪玉英，2006；汪平，孙世霞，2009）、金字塔结构（程仲鸣等，2008；钟海燕等，2010）等对过度投资的影响，但是结论并不十分一致。同时学者们也发现公司外部治理环境（法律）的改善有助于抑制公司的过度投资（杨兴全等，2010；

俞红海等，2010)，但是目前我国的法律还不完善，各个地区法律环境发展水平很不平衡（樊纲等，2010)，同一个法律条款在不同的地区的执行力度和实施效果也不相同，这些都制约了法律监督作用的发挥以及监督作用的效果。

近些年来随着我国经济的发展，媒体的公司治理作用得到了社会各界的广泛重视，媒体监督被认为是新兴市场上有效的替代司法对投资者保护不足的一项重要制度安排（Dyck 和 Zingales，2002)。那么媒体作为公司的一种重要的外部治理机制，能否加强对管理者的监督，抑制公司的过度投资，从而保护投资者的利益呢？同时股权结构是公司治理机制的基础，在公司治理体系中有着重要作用（李维安，李汉军，2006)，合理的股权结构有利于公司治理的完善和中小投资者利益的保护。股权结构会影响媒体监督对公司过度投资的抑制作用吗？对于以上问题，前人鲜有研究。鉴于此，本书将基于媒体与公司治理的相关理论，同时结合我国上市公司的股权结构特点，以我国 2009—2011 年上市公司为研究样本，主要围绕以下几点展开研究：①媒体的负面报道能减少公司的过度投资吗？②媒体的负面报道对不同性质公司的过度投资影响有差异吗？③不同股权结构的公司其在媒体负面报道后，公司的反应一样吗？对于以上几个问题的研究有助于我们进一步了解媒体的公司治理作用，约束管理层的自利行为，从而减少公司的代理成本，保护投资者利益。

8.2　理论分析与研究假设

关于过度投资，Modigliani 和 Miller（1958）认为当行为主体是理性的、市场是完备的、信息是完全的以及投资者与管理者利益是一致的时，公司的投资活动是独立的，投资决策仅仅取决于投资机会的盈利能力，公司投资的目的是实现公司价值最大化。然而在现实中，由于管理者和股东代理问题的存在，管理者有不同于公司价值最大化的目标，在进行投资时不一定会作出最优的投资行为。使用自由现金流进行过度投资是管理者获取私利的重要手段。管理者出于自身利益考虑有动机将公司的内部资金用于非价值最大化项目引起过度投资，导致了较高的投资现金流敏感性（陈舒予，2005；连玉君，程建，2007；张翼，李辰，2005；饶育蕾，汪玉英，2006)。Jensen（1986，1993）认为经理人的私人收益随着公司规模的扩大而增加，因而为了最大化获取私人收益，经理有着建立"经理帝国"的冲动，因此经理人会尽可能地利用自由现金流进行投资，即使所投资的项目的净现值为负，从而导致公司的过度投资。

Fazzari 等（1988）首先围绕着投资—现金流的敏感度对公司的投资行为进行了研究，证明了存在投资—现金流敏感度，发现公司在面对较大的融资约束时投资现金流的敏感性强。其后很多学者围绕着投资现金敏感度与公司投资行为的关系展开了研究。Richardson（2006）通过对美国 1998—2002 年的公司进行研究发现，过度投资主要是在自由现金流量高的公司中；在自由现金流量为正的公司中，大约有 20% 的自由现金流量用于过度投资。朱松等（2010）研究发现关联方应收项目会抑制上市公司的投资规模，降低投资—现金流敏感度，而关联方应付项目会促进上市公司的投资规模，提高投资—现金流敏感度。La Porta 等（1999，2002）和 Claessens 等（2002）认为作为终极控股股东的控制权比例越大，其侵占其他股东利益的动机就越大，公司内部的代理成本问题也就会越严重。俞红海等（2010）通过研究发现股权集中、控股股东的存在会导致公司过度投资，控股股东控制权与现金流权分离会进一步加剧这一行为。中国作为一个"新兴+转轨"的经济国家，其经济发展特点与西方成熟资本市场国家有着本质的不同。在西方国家公司的活动（包括投资）比较自由，受政府的干预较少，而中国的上市公司则不同，大部分的上市公司为国有公司，政府在公司的整个经济活动中，包括公司的投资行为，都发挥着重要的作用（张洪辉，王宗军，2010）。基于此，我国学者结合我国经济的特点研究了过度投资问题。杨华军和胡玉明（2007）结合中国的制度环境研究了自由现金流的过度投资问题，发现地方政府的控制和干预显著提高了自由现金流的过度投资。张洪辉、王宗军（2010）通过对我国国有上市公司的过度投资行为的研究发现，国有上市公司的过度投资是由政府将其公共目标如就业、税收等内部化其控制的企业的结果。因此，政府干预的过度投资行为既有可能是经理人通过过度投资来"掏空"国有上市公司资产，也有可能是为了实现各级政府目标。魏明海、柳建华（2007）认为企业规模的扩张可以满足政府实现其目标，企业规模扩张可以使管理者获得更多的在职消费和其他隐性激励的好处。因此，不论政府是为了实现哪一种目标，从长远来说过度投资都不利于公司的发展。吴超鹏等（2012）通过研究发现风险投资的加入可以抑制公司对自由现金流的过度投资。还有一些学者是从金字塔结构来研究公司的投资行为的。程仲鸣等（2008）研究发现金字塔层级与过度投资呈负相关关系，金字塔结构可以作为法律保护的替代机制使公司的行为免受政府干预的影响。李胜楠、牛建波（2005），徐玉德、周玮（2009）研究了负债对公司过度投资的影响，饶玉蕾、汪玉英（2006），汪平、孙世霞（2009）研究了第一大股东持股比例与过度投资的关系。

从整个宏观经济的角度来说，过度投资不利于社会的持续、健康发展；从公司的角度来说，过度投资不利于公司的长远发展；从投资者的角度来说，过度投资不利于投资者利益保护。因此，学者们尝试从不同的角度对如何减少公司的过度投资进行了分析，李维安和姜涛（2007）经研究发现股东行为治理、董事会治理、利益相关者治理能够积极有效地抑制过度投资，而监事会、经理层和信息披露机制对过度投资的治理作用不明显。魏明海和柳建华（2007）发现公司内外部治理行为能够在一定程度上减少国有上市公司的过度投资行为。唐雪松等（2007）经研究发现现金股利和负债能够在一定程度上减少公司的过度投资行为。吴超鹏等（2012）通过研究发现风险投资的加入可以抑制公司对自由现金流的过度投资。李云鹤和李湛（2012）发现企业所处的生命周期不同，公司治理机制对过度投资的影响也不同，董事长与总经理兼任在公司成长时期能够有效地抑制过度投资，独立董事在成熟阶段以及大股东在衰退阶段都没有发挥应有的监督作用。

上述文献提供了公司内外部治理影响过度投资的重要证据，但是对于媒体负面报道这一重要的外部监督力量及其对公司过度投资的影响，目前却关注不够。随着现代通信技术的迅速发展，媒体在社会生活中发挥了越来越重要的作用。媒体对企业的报道使企业的信息在短时间内为公众所知晓，通过这种方式媒体对公司行为和公司治理产生了重要影响，尤其是新闻媒体对企业负面消息的披露更易引起社会各界的广泛关注。近段时间媒体曝光的公司负面消息如欧洲马肉风波、肯德基速成鸡事件、健康元地沟油事件、白酒塑化剂事件使得媒体监督、公司行为与社会责任、公司治理与投资者保护成为社会关注的焦点。因此，良好的外部（媒体）监督可以有效地减少上述代理问题，控制由此产生的过度投资。

媒体负面报道的作用是指媒体将公司的负面消息曝光对投资者、经理人、被曝光公司等利益相关者的作用。总体来说媒体的这种监督作用对利益相关者有着积极的作用，Dyck 和 Zingales（2002）采用跨国数据研究发现媒体监督是法律之外保护投资者的重要手段，即使是在司法不完善的国家也能在媒体关注和社会规范下获得良好的公司治理环境。Joe（2003）经研究发现媒体监督对审计师的行为具有显著的影响，当上市公司面临着较多的媒体负面消息报道时，审计师更有可能出具有保留意见的审计报告。Joe 等（2009）发现在媒体曝光缺乏效率的董事会名单之后，这些公司通常会采取增加独立董事的比例、变更 CEO 等比较积极的措施来提高董事会效率。莉萍、辛宇和祝继高（2011）以我国上市公司在汶川地震中的捐赠行为为分析对象，发现媒体关注对上市公司的捐赠具有显著的正向影响，同时媒体关注还会显著地降低国有控股以及行业垄断对捐赠的负面影响，媒体在促使上市公司履行社会责任方面发挥着显著的正向作用。理论上，媒体负面报道通过以下三种方式可以减少公司的过度投资。首先，媒体负面报道可以减少信息不对称（Miller，2006）。具体而言，管理者的过度投资行为在某种程度上是由信息不对称引起的，Jensen（1986）指出当信息不对称存在时，股东和经理人之间的利益分配机制未必充分有效，经理人可能会投资一些净现值为负的项目，而且经理人有不断做大公司规模以提高个人声誉的愿望。而媒体的主要作用就是收集、整理、加工信息并把信息传播给广大受众。Dyck 等（2010）认为媒体的使命在于减少大众收集信息的成本，减少投资者与公司经营管理层之间的信息不对称现象。杨德明和令媛媛（2011）认为媒体为了迎合读者的需要、提高自己的知名度，必定追寻社会热点，积极揭露、报道公司的违规行为。媒体通过对公司行为的披露及曝光，可以使其他的股东及时了解公司的行为，加强对管理者的监督，进而会影响管理者的投资行为。叶勇等（2013）发现媒体监督可以显著降低公司的代理成本。其次，媒体负面报道会对管理者的声誉造成影响。为了维护其声誉，管理者会减少危害投资者利益的过度投资行为。国内外的很多研究都表明董事会或者经理人的声誉会影响公司治理（Fama，1980；Fama 和 Jensen，1983）。Dyck 等（2008）通过研究发现媒体治理是通过影响经理人声誉实现的。李焰和秦义虎（2011）的研究表明，媒体负面报道量和独立董事辞职的概率显著正相关，并且越注重自己声誉的独立董事在报道后辞职的概率越大。最后，媒体负面报道可以引起行政机构的介入。李培功和沈艺峰（2010）发现在我国的上市公司中，媒体对公司治理作用的发挥是通过引起相关行政机构的介入实现的。在媒体负面报道后，行政机构会加强对公司的监督和管理，此时管理者的行为受到监督和约束，就会减少出于自利的过度投资行为。基于上述分析，本书提出如下假设：

H1：媒体负面报道可以降低公司的过度投资。

由于在我国上市公司中普遍存在着隐性终极控股股东（叶勇等，2007），当公司存在两个或者两个以上持股比例比较高的大股东时，就形成了一种股权制衡的局面。La Porta 等（1999）经研究发现有四分之一的公司有超过一个的多个大股东。Laeven 和 Levine（2008）发现，在 1 657 个欧洲上市公司的样本中，34%的上市公司至少有两个大股东。从近期的文献来看，多个大股东的股权结构在世界上许多国家的上市公司中是普遍存在的。但对于多个大股东之间的关系，学者们的结论并不一致。黄渝祥等（2003）和陈信元、汪辉（2004）

认为多个大股东之间可以相互监督、相互制衡，从而提升公司的价值。韩亮亮（2004）和赵景文、于增彪（2005）则认为多个大股东会相互合谋侵害其他中小股东的利益。基于我国转轨经济制度的背景，我们认为多个大股东的存在不利于公司的发展。首先，在我国的上市公司中，多个大股东之间更多的是合谋的关系。刘星、刘伟（2007）认为我国上市公司大股东之间存在密切联系是一种比较普遍的现象，大股东之间可能更加倾向于采取共谋而不是互相监督的方式。相互监督是需要花费精力和成本的，且容易造成股东之间感情关系的破裂，而合谋则可以获取更多的控制权私利。其次，即使多个大股东之间不是合谋的关系，其他大股东也不会对大股东进行有效的监督。我国是一个儒家文化传统浓厚的国家（吴超鹏等，2012），人们都希望保持一种和谐的关系，不愿意撕破脸皮去监督、反对其他与他们有着共同利益的合作伙伴。尤其是当终极控股股东是政府的时候，其他大股东为了保持和政府的良好关系不会去监督管理者。基于上述分析，我们认为当媒体在对具有股权制衡的多个大股东公司监督的时候，由于大股东之间的特殊关系，其他股东也不会有强烈的动机对控股股东进行监督，由第二类代理问题引起的公司过度投资会略微减少。同时由于大股东之间的相互"搭便车"心理，在媒体负面报道后对管理者的监督与制约会比较低，由第一类代理问题引起的过度投资也会略微减少。

而在其他类型的股权结构中，尤其是控制性股东绝对控股的上市公司中，控股股东有足够的动力对管理层进行监督。Holderness（2003）经研究发现控股股东的控制权越大，其增加企业价值的动机就越强。王化成等〔2008〕发现控股股东更倾向于提高企业的整体价值来实现自己的利益。黄珺、周春娜（2011）认为控股股东拥有的股权越多，便会越积极参与公司经营并监督管理层的行为活动，以维护自身及公司的权益。因此，在媒体负面报道后，控股股东为了维护自己的利益会积极地监督管理者。控股股东的持股比例越大，这种动机就越强烈。此时公司的不合理的投资行为就可能会减少。在股权分散的上市公司中，股东的持股比例都比较低，大股东之间合谋获取控制权私利的可能性较小，因此在媒体监督后会积极地监督管理者来维护自己的利益，使公司的过度投资也会有较大的减少。根据以上分析，我们提出以下假设：

H2：与控制性股东股权结构公司和股权分散的公司相比，媒体监督对多个大股东公司过度投资的影响较小。

H3：在控制性股东股权结构中，终极控股股东的持股比例越高，媒体监督对过度投资的影响越大。

8.3　研究设计

8.3.1　样本选择与数据来源

1. 样本选择

本书选取我国 2009—2011 年所有 A 股上市公司为初始研究样本。为了避免内生性的影响，媒体报道数据选取的是 2008—2010 年的数据，并对初始样本做了以下处理：①剔除了金融行业的上市公司；②剔除了财务数据不全和财务数据缺失的公司；③剔除了 ST 和 PT 公司；④剔除了 2007 年以后上市的公司。最后我们共得到 2 800 个研究样本。

2. 数据来源

（1）媒体监督数据，主要来源于 CNKI《中国重要报纸全文数据库》，通过标题与主题查询两种方式逐一查阅有关上市公司的负面新闻报道。在对新闻进行筛选的过程中我们将负面报道定义如下：新闻标题中出现负面词汇或者是新闻内容中有对公司批评、质疑或者是负面评价。

（2）终极控制权数据，通过逐一查阅各公司年报股东和实际控制人情况与"公司与实际控制人之间的产权及控制关系方框图"进行手工整理而得。最后再根据整理出来的结果把上市公司股权结构按照如下要求分为三类：股权分散的股权结构——大股东的持股比例小于20%；控制性股东股权结构——终极控股股东的控制权大于50%或者终极控股股东的控制权小于50%但是次大股东的控制权小于10%；多个大股东股权结构——终极控股股东的控制权小于50%但是次大股东的控制权大于10%。同时按照终极控股股东的属性将上市公司的控制人性质分为国有和非国有两种类型。

（3）财务数据，均来自 CCER 数据库和 CSMAR 数据库。

8.3.2　研究模型与变量定义

1. 被解释变量：企业投资与过度投资

本书用 *Invest* 表示企业的实际投资水平，用现金流量表中构建固定资产、无形资产和其他长期资产所支付的现金与处置固定资产、无形资产和其他长期资产所收回的现金之差，除以年初总资产得出。

本书借鉴 Richardson（2006）、俞红海等（2010）、吴超鹏等（2012）的预期投资模型建立模型（8-1），用上一年度的投资来估算本年度的投资。

$$Invest_{i,t} = \alpha_0 + \alpha_1 Growth_{i,t-1} + \alpha_2 Leve_{i,t-1} + \alpha_3 Size_{i,t-1} + \alpha_4 Cash_{i,t-1} +$$
$$\alpha_5 Age_{i,t-1} + \alpha_6 Return_{i,t-1} + \alpha_7 Invest_{i,t} + \sum Year + \sum Industry + \varepsilon_{i,t} \quad (8-1)$$

其中 $Invest_{i,t}$ 表示公司当年实际投资，等于现金流量表中构建固定资产、无形资产和其他长期资产所支付的现金与处置固定资产、无形资产和其他长期资产所收回的现金之差，除以年初总资产。$Growth_{i,t-1}$ 为上一年的投资机会，借鉴杨兴全等（2010）、周伟贤（2010）的做法，我们采用总资产增长率来表示，等于年末总资产和年初总资产的差额与年初总资产的比值；$Leve_{i,t-1}$ 为上一个年度的负债率，等于负债总额与资产总额的比值；$Size_{i,t-1}$ 为上一个年度公司的总资产；$Cash_{i,t-1}$ 为上一个年度的现金持有水平，等于资产负债表中的货币资金除以年初总资产；$Age_{i,t-1}$ 为上一个年度公司的上市年限；$Return_{i,t-1}$ 为上一年度的股票收益率；$Year$ 为年度虚拟变量；$Industry$ 为行业虚拟变量。

表 8-1 列示了模型（8-1）的回归结果。从表中可以看出，公司的资产负债率与上市时间和公司的投资水平负相关，对公司的投资具有约束作用；公司的投资机会、公司规模、现金持有水平、股票回报率和上一个年度的投资与公司的投资水平正相关，对公司的投资水平具有促进作用。然后根据模型（8-1）算出企业的预期投资水平，用公司的实际新增投资与预期投资的差额来判断公司是过度投资还是投资不足，当差额为正时表示公司过度投资，当差额为负时表示公司投资不足。

表 8-1　　　　　　　　　　预期投资的回归分析结果

	Constant	Growth	Leve	Size	Cash	Return	Invest$_{t-1}$	Age	Adj-R^2	N
系数 P 值	-0.007 (0.672)	0.014*** (0.000)	-0.005* (0.056)	0.006*** (0.000)	0.017*** (0.000)	0.004*** (0.000)	0.010*** (0.000)	-0.002*** (0.000)	0.551	2 800

注：*** 、** 、* 分别表示1%、5%、10%的显著水平，括号内为 P 值。

根据模型（8-1）的正残差，我们建立如下股权结构、媒体监督的过度投资模型，用来检验 H1、H2 和 H3。

$$I_{over} = \alpha_0 + \alpha_1 Media_i + \alpha_2 Control + \alpha_3 Separate + \alpha_4 Leve + \alpha_5 Size + \alpha_6 Roa + $$
$$\alpha_7 Mfee + \alpha_8 Occupy + \alpha_9 Fcf + \varepsilon \quad (8-2)$$

$$I_{over} = \alpha_0 + \alpha_1 Media_1 + \alpha_2 Structure + \alpha_3 Media * Structure + \alpha_4 Control + $$
$$\alpha_5 Separate + \alpha_6 Leve + \alpha_7 Size + \alpha_8 Roa + \alpha_9 Mfee + \alpha_{10} Occupy + \alpha_{11} Fcf + \varepsilon$$
$$(8-3)$$

$$I_{over} = \alpha_0 + \alpha_1 Media_1 + \alpha_2 Con + \alpha_3 Media * Con + \alpha_4 Separate + \alpha_5 Leve + \alpha_6 Size $$
$$+ \alpha_7 Roa + \alpha_8 Mfee + \alpha_9 Occupy + \alpha_{10} Fcf + \varepsilon \quad (8-4)$$

其中，$Media_i$ 表示媒体监督，$i=1$ 时表示媒体报道次数，$i=0$ 时表示有无媒体监督，当有媒体监督时取值为 1，没有媒体监督时取值为 0；$Control$ 为终极控制权，等于终极控制股东直接和间接持有的投票权之和；$Separate$ 为控制权与现金流量权的分离度，等于终极控股股东的现金流量权与控制权的比值；$Leve$ 为资产负债率；$Size$ 为公司规模；Roa 为公司的盈利能力，等于净利润与总资产的比值；$Mfee$ 为代理成本，用管理费用与主营业务收入之比来表示；$Occupy$ 为其他收款比重，等于其他应收款与总资产的比值；Fcf 为自由现金流量，等于经营现金流量减去预期投资的余额，其中经营现金流量为经营活动净现金流量与年初总资产的比值。在模型（8-3）中 $Structure$ 为股权结构类型变量，当股权结构类型为多个大股东时取值为 0，其余取值为 1；在模型（8-4）中 Con 为 0、1 虚拟变量，按照终极控股股东的持股比例分为高低两组，当在控制权高组时 Con 取值为 1，低组时 Con 取值为 0。

2. 解释变量：媒体监督程度

参照 Dyck 等（2008），李培功、沈艺峰（2010）以及吴超鹏等（2012）的做法，我们采用媒体报道次数来表示。为了避免内生性的影响，我们采用的是滞后一期的媒体报道数量。我们在进行检验时首先将媒体报道分为有无媒体报道，有媒体报道时取值为 1，没有媒体报道时取值为 0，先检验有无媒体报道对过度投资的影响，接着再进一步检验媒体报道次数对过度投资的影响。

3. 控制变量

参照杨兴全等（2010），周伟贤（2010）和吴超鹏等（2012）的研究，控制了滞后一期的投资机会（Growth）、资产负债率（Leve）、公司规模（Size）、现金持有水平（Cash）、上市年限（Age）、股票收益率（Return）以及年份与行业虚拟变量。参照俞红海等（2010），李培功、肖珉（2012），陈德球、李思飞（2012）等的研究，本书在关于过度投资的回归分析中，把终极控制权（Control）、控制权与现金流量权的分离度（Separate）、自由现金流量（Fcf）、公司规模（Size）、公司负债（Leve）、公司业绩（Roa）、代理成本（Mfee）、其他应收款的比重（Occupy）作为控制变量，并且设置了行业和年度虚拟变量。另外，由于在回归分析中需要将媒体监督对多个大股东股权结构公司的过度投资的影响与控制性股东股权结构和股权分散的股权结构公司相比较，将股权结构（Structure）分为股权分散的股权结构、多个大股东股权结构和控制性股东股权结构三种类型。

8.4 实证分析结果与分析

8.4.1 变量的描述性统计

按照模型（8-1）算出过度投资样本，然后删除模型（8-2）中变量数据异常的样本，最终得到 870 个过度投资样本。按所有者性质来分，国有样本 602 个，非国有样本 268 个；按照股权结构来分，控制性股权结构样本 646 个，多个大股东样本 114 个，股权分散的样本 110 个。各变量的描述性统计结果如表 8-2 所示：

表 8-2 变量的描述性统计

变量	均值	标准差	最小值	中位数	最大值	观测数
A 栏：因变量						
I_{over}	0.065	0.078	0.000	0.038	0.579	870
B 栏：解释变量						
$Media_0$	0.385	0.480	0	0	1	870
$Media_1$	0.787	1.543	0	0	14	870
C 栏：控制变量						
Control	0.381	0.155	0.010	0.367	0.863	870
Separate	0.832	0.244	0.041	1.000	1.000	870
Leve	0.527	0.170	0.007	0.538	0.934	870
Size	22.244	1.218	19.073	22.107	28.673	870
Roa	0.045	0.055	−0.275	0.036	0.318	870
Mfee	0.078	0.062	0.004	0.064	0.705	870
Occupy	0.016	0.026	0.000	0.008	0.277	870
Fcf	0.022	0.275	−1.423	−0.011	4.756	870

可以看出，我国上市公司的过度投资均值为 0.065。这一数据表明，总体而言我国上市公司的过度投资程度不是很高，但是不同上市公司间过度投资程度差异较大，从最小的刚刚出现过度投资到最大的过度投资程度达到了 0.579。类似地，不同公司的媒体负面监督差异也很大，从最小的 0 次到最大的 14 次。总体而言，负面监督的力度较弱，媒体的负面报道次数仅有 0.787

次；从有无媒体报道的均值来看，只有38.5%的公司有媒体对其进行了负面报道。这些一方面说明了公司的负面行为较少，另一方面也有可能是媒体的监督作用没有完全发挥，需要进一步加强对公司行为的监督。

8.4.2 实证分析结果

1. 媒体监督、股权性质与过度投资

为了更全面地了解媒体监督对过度投资的影响，在进行回归分析之前我们首先根据有无媒体报道对存在过度投资的公司做独立样本均值检验和中值检验。

从表8-3可以看出，有媒体负面报道的公司的过度投资的均值为0.051，明显小于没有媒体报道的均值0.072，有媒体报道的公司的过度投资的中值也明显小于没有媒体报道的中值，这与我们的假设1一致，表明媒体监督能够减少公司的过度投资，有利于公司治理的完善。

表8-3 媒体监督与过度投资

	有媒体报道		没有媒体报道		均值检验	中值检验
	均值	中值	均值	中值		
过度投资	0.051	0.037	0.072	0.040	3.927***	2.119**

注：***、**、*分别表示1%、5%、10%的显著水平。

下面我们进一步通过回归分析来对假设进行验证，分别采用有无媒体负面报道和媒体负面报道的次数对全样本分析来验证。同时进一步考察了媒体监督对国有上市公司和非国有上市公司过度投资的影响。相关的结果在表8-4中。

表8-4 媒体监督、股权性质与过度投资

	全样本	全样本	国有样本	非国有样本
变量	(1)	(2)	(3)	(4)
$Media_0$	−0.018***			
	(−12.03)			
$Media_1$		−0.006***	−0.006***	−0.003***
		(−17.77)	(−11.18)	(−7.63)
Control	0.003	−0.006	−0.015*	0.022**
	(0.47)	(−1.14)	(−1.91)	(1.97)
Separate	−0.002	−0.004	−0.008	−0.001
	(−0.60)	(−1.46)	(−1.48)	(−0.27)

表8-4(续)

	全样本	全样本	国有样本	非国有样本
Leve	0.019***	0.028***	0.228***	0.001
	(3.30)	(4.78)	(2.99)	(0.17)
Size	0.005***	0.006***	0.006***	0.010***
	(6.22)	(7.04)	(5.16)	(4.62)
Roa	0.080***	0.099***	0.115***	0.029
	(4.39)	(5.11)	(4.09)	(1.02)
Mfee	0.057***	0.067***	0.100***	0.019
	(6.27)	(5.05)	(3.76)	(0.72)
Occupy	−0.156***	−0.149***	−0.281***	0.010
	(−4.53)	(−4.10)	(−6.98)	(0.15)
Fcf	0.010**	0.013**	0.009	0.021***
	(2.00)	(2.46)	(1.53)	(3.24)
Constant	−0.069***	−0.087***	−0.081***	−0.106***
	(−3.93)	(−4.78)	(−3.42)	(−2.71)
N	870	870	602	268
Adj−R^2	0.319	0.333	0.258	0.291
F 值	46.24***	49.17***	24.16***	13.19***

注: ***、**、* 分别表示 1%、5%、10%的显著水平,括号内为 T 值。

表 8-4 的回归结果表明,有媒体监督的公司的过度投资程度明显弱于没有媒体监督的公司的过度投资程度,并且公司的过度投资程度随着媒体监督次数的增加而减少。不论是国有上市公司还是非国有上市公司,在媒体监督后其过度投资程度都会显著地减少。这一结果表明,媒体监督可以显著地降低公司过度投资程度,媒体监督力度越大,公司的过度投资减少得越多,媒体发挥了有效的外部治理作用,促进了公司治理效率的提高。回归结果与假设 1 一致。

2. 媒体监督、股权结构与过度投资

考虑到股权结构不同,股东之间的关系以及股东和管理者之间的关系可能不同,因此,媒体监督后对股权结构不同公司的过度投资影响也可能会不同。为此,本书分别以股权分散的公司、多个大股东公司、控制性股东的公司为研究样本,研究媒体监督分别在不同股权结构公司的治理效果。然后用全样本来检验媒体监督在多个大股东股权结构公司与其他两种类型公司对过度投资影响的差异。具体的回归结果下表 8-5。

表 8-5　　　　　　　　　　　　媒体监督、股权结构与过度投资

变量	股权分散样本 (1)	多个大股东样本 (2)	控制性股东样本 (3)	全样本 (4)
$Media_1$	-0.005^{**} (-2.44)	-0.001 (-0.80)	-0.006^{***} (-13.27)	-0.002 (-1.08)
Structure				0.011^{***} (2.77)
$Media_1$ * Structure				-0.005^{***} (-3.01)
Control	0.162^{**} (2.57)	0.101^{***} (3.00)	0.003 (0.39)	-0.006 (-1.02)
Separate	0.027^{**} (2.27)	0.009 (0.86)	-0.009^{**} (-2.42)	-0.001 (-0.16)
Leve	0.056^{***} (2.69)	0.013 (0.82)	0.021^{***} (3.40)	0.025^{***} (3.73)
Size	0.018^{***} (4.36)	0.001 (0.29)	0.004^{***} (3.46)	0.006^{***} (7.35)
Roa	-0.040 (-0.43)	0.220^{***} (4.36)	0.066^{***} (3.31)	0.091^{***} (4.78)
Mfee	0.502^{***} (6.98)	0.029 (0.69)	0.015 (0.71)	0.052^{***} (3.72)
Occupy	-0.630^{***} (-5.37)	0.065 (0.53)	-0.179^{***} (-3.27)	-0.153^{***} (-4.35)
Fcf	0.015^{**} (2.50)	0.025^{*} (1.71)	0.015^{**} (1.98)	0.013^{**} (2.54)
Constant	-0.438^{***} (-4.59)	-0.020 (-0.35)	-0.030 (-1.26)	-0.087^{***} (-5.00)
N	110	114	646-	870
Adj-R^2	0.534	0.266	0.353	0.299
F 值	14.87^{***}	5.55^{***}	40.06^{***}	34.70^{***}

注：***、**、* 分别表示 1%、5%、10% 的显著水平，括号内为 T 值。

在表 8-5 中，在股权分散的样本中和控制性股东的样本中，媒体的负面监督与过度投资呈现显著的负相关关系；而在多个大股东样本中，媒体负面监督与过度投资的关系不显著。在股权分散的公司和控制性股东股权结构的公司，媒体的负面报道会降低公司的过度投资。而在多个大股东控股的公司，媒体的

负面报道对过度投资的影响不大。从全样本来看，Media₁ 和 Structure 的交互项系数显著为负，进一步表明了媒体监督对多个大股东控股公司的过度投资影响较小。这一结果支持了本书提出的假设 2。这一发现表明，在多个大股东公司里，公司之间是一种合谋的关系而不是相互监督的关系，大股东没有积极地去参与公司的治理，媒体的负面报道对他们的行为及决策的影响不大。

3. 媒体监督、终极控制权与过度投资

从表 8-5 的回归结果可以看出，在控制性股东股权结构的公司里，媒体监督与过度投资在 1% 的显著性水平上负相关，表明控股股东的利益和公司的利益联系紧密，媒体监督后它们会很快作出反应。下面将进一步研究在控制性股东股权结构里终极控股股东的持股比例是否会对媒体监督对过度投资的影响程度造成影响。在进行分析时我们首先依据终极控股股东持股比例的高低将其分为高低两组。具体的回归分析结果见表 8-6：

表 8-6　　　　　　　　　媒体监督、终极控制权与过度投资

变量	高组样本 （1）	低组样本 （2）	全样本 （3）	国有样本 （4）	非国有样本 （5）
Media₁	-0.006*** (-12.35)	-0.004*** (-3.28)	-0.004*** (-3.78)	-0.007*** (-9.09)	0.003*** (2.88)
Con			0.006** (2.32)	-0.008*** (-2.65)	-0.011* (1.86)
Media₁ * Con			-0.001 (-0.51)	0.002* (1.80)	-0.005* (-1.93)
Separate	-0.024*** (-3.53)	-0.004 (-0.66)	-0.006 (-1.11)	-0.018*** (-2.76)	0.015* (1.92)
Leve	0.028** (2.35)	0.024** (1.97)	0.023*** (2.70)	0.031*** (3.47)	-0.009 (-0.63)
Size	0.004*** (2.70)	0.007*** (3.06)	0.004*** (3.48)	0.004*** (2.60)	0.006** (2.37)
Roa	0.050 (1.39)	0.122*** (3.07)	0.077*** (4.79)	0.059** (2.79)	0.118*** (2.72)
Mfee	0.051*** (2.73)	0.012 (0.40)	0.012 (0.51)	0.074*** (2.59)	-0.037 (-1.10)
Occupy	-0.031 (-0.37)	-0.255*** (-4.30)	-0.183*** (-3.19)	-0.289*** (-4.45)	-0.058* (-1.75)
Fcf	0.010 (1.13)	0.040*** (2.70)	0.025*** (3.84)	0.021** (2.30)	0.008 (0.59)

表8-6(续)

	高组样本	低组样本	全样本	国有样本	非国有样本
Constant	−0.023 (−0.74)	−0.095** (−2.06)	−0.036 (−1.36)	−0.028 (−2.84)	−0.072 (−1.26)
N	323	323	646	465	181
Adj−R²	0.410	0.327	0.292	0.305	0.564
F 值	28.99***	20.54***	27.59***	21.31***	24.27***

注：***、**、*分别表示 1%、5%、10%的显著水平；括号内为 T 值；表内样本都是指控制性股东股权结构样本。

从表 8-6 的分析结果可以看出，不论是在控制权高组还是在控制权低组，媒体监督与过度投资都呈现为显著的负相关关系。在第（3）列我们加入了媒体监督和终极控股股东持股比例高低虚拟变量的交互项，其系数为负，但是在统计上不显著，意味着媒体监督在一定程度上促进了终极控股股东积极参与公司治理。进一步，我们将控制性股东股权结构的公司分为国有上市公司和非国有上市公司。在国有样本公司中，媒体监督对过度投资的影响反而在终极控股股东持股比例高的公司比较小；在非国有样本公司中，媒体监督与终极控股股东的持股比例高低的系数显著为负，表明在国有上市公司里，终极控股股东持股比例比较高反而不利于媒体发挥监督作用，非国有上市公司的控股股东持股比例越高越有利于媒体监督作用的有效发挥。以上研究结果表明，在控制性股东股权结构公司里，由于国有上市公司最终所有人不明确，国有资产管理者作为受托管理人监督与制约管理者的能力与动机都比较弱，而在非国有上市公司里，终极控股股东的持股比例越高，控股股东的利益和公司的利益就越紧密，媒体监督后其就越有动力去监督管理者维护公司利益。

8.5 稳健性检验

为了保证以上结果的有效性及可靠性，我们进行了如下稳健性检验：

（1）对过度投资进行了重新的衡量，即用本公司本年度的过度投资程度减去本公司上一个年度的过度投资程度，也就是 $I_{over,t}-I_{over,t-1}$，其差值如果大于 0 则表示本年度的过度投资程度较上一个年度增加，如果小于 0 则表示公司本年度的过度投资程度较上一个年度减少。我们认为这样可以更好地反映出公司过度投资的变化程度，可以更好地反映出媒体的监督作用与效果。由于本书前面在做回归分析时用的是 2008—2011 年三年的样本数据，在做 $I_{over,t}-I_{over,t-1}$ 时就只得到了两个年度公司过度程度的差额。最终共得到 477 个有效研究样本。具体的回归结果见表 8-7：

表 8-7　　　　　　　　稳健性检验

变量	全样本 (1)	全样本 (2)	股权 分散 样本 (3)	多个 大股东 样本 (4)	控制性 股东 样本 (5)	控制性 股东 样本 (6)	控制性 股东样本 （国有） (7)	控制性 股东样本 （非国有） (8)
$Media_0$	-0.016*** (-6.37)							
$Media_1$		-0.004*** (-5.16)	-0.009*** (-2.70)	0.002 (0.43)	-0.004*** (-3.43)	-0.003** (-2.54)	-0.002 (-0.77)	-0.003 (-0.61)
Control	-0.050*** (-8.14)	-0.043*** (-5.54)	-0.060 (-0.74)	-0.208 (-1.63)	-0.021* (-1.88)			
Con						0.002 (0.77)	0.000 (0.01)	0.012 (1.54)
$Media_1$ * Con						-0.001 (-0.59)	0.000 (0.04)	-0.010 (-1.41)
Separate	0.009* (1.94)	0.007 (1.45)	0.077*** (4.11)	-0.040 (-1.22)	0.017*** (3.00)	0.019*** (4.12)	0.016** (2.19)	-0.004 (-0.23)
Leve	-0.029*** (-3.29)	-0.027*** (-3.22)	0.055 (1.67)	-0.053 (-0.93)	-0.036*** (-4.47)	-0.034*** (-4.55)	-0.033*** (-3.51)	-0.048** (-2.05)
Size	-0.002 (-1.48)	-0.001 (-1.29)	-0.008 (-1.06)	-0.011 (-1.02)	-0.001 (-0.70)	-0.002** (-2.27)	-0.003* (1.95)	-0.005* (-1.83)
Roa	0.113*** (3.51)	0.097*** (3.04)	-0.062 (-0.60)	0.207 (1.05)	0.106*** (3.79)	0.113 (5.11)	0.111*** (3.09)	0.040 (0.50)
Mfee	-0.064*** (-2.58)	-0.062** (-2.54)	0.103 (0.64)	-0.090 (-1.59)	-0.098*** (-3.46)	-0.099*** (3.76)	-0.117*** (-2.96)	-0.081** (-3.49)
Occupy	-0.041 (-0.79)	-0.041 (-0.79)	0.037 (0.26)	-0.487** (-2.60)	0.153*** (3.38)	0.139*** (3.32)	0.129*** (2.61)	0.054 (0.39)
Fcf	0.070 (5.55)	0.079*** (6.55)	0.334*** (3.85)	-0.008 (-0.29)	0.094*** (6.22)	0.090*** (7.04)	0.077*** (4.33)	0.170*** (4.77)
Constant	0.104*** (4.23)	0.096*** (3.74)	0.136 (0.81)	0.407* (1.94)	0.068** (2.49)	0.090*** (3.68)	0.103*** (3.21)	0.144* (1.96)
N	477	477	59	71	347	347	243	104
Adj-R²	0.555	0.266	0.513	0.206	0.328	0.612	0.446	0.360
F 值	66.89***	20.20***	7.80***	3.02***	19.78***	55.52***	20.47***	6.80***

注：***、**、*分别表示 1%、5%、10%的显著水平，括号内为 T 值。

从表8-7的分析结果可以看出，有无媒体负面报道和媒体负面报道的次数与连续两个年度过度投资程度的差额显著正相关；在控制性股东股权结构样本和股权分散的样本里，媒体负面报道次数与连续两个年度过度投资的差额显著负相关，而在多个大股东的样本公司里，媒体监督与过度投资的关系不显著；在控制性股东股权结构的非国有样本中，媒体监督与终极控股股东的持股比例显著为负。这一结果表明媒体监督确实促进了公司过度投资的减少，但是媒体监督的治理效果却在不同股权结构的公司里表现出了差异：在控制性股东股权结构的非国有上市公司中，媒体监督对公司过度投资的影响与终极控股股东持股比例的高低的关系为负，但是不显著，这可能是由样本量较少（只有104个样本）造成的。这与前文的结论基本一致。

　　（2）唐雪松等（2010）认为Richardson（2006）的预期投资模型是基于西方发达的市场环境提出的，当市场条件发生变化时可能会存在偏误。因此，本书基于模型（8-1）算出的残差值，将公司的过度投资程度分为三个等级——投资不足组（前1/3）、中间组（中间的1/3）和过度投资组（后1/3），然后对过度投资组的样本进行回归分析，所得出的结论与前面的研究结论基本一致。限于篇幅，这里不再列示。因此，可以认为前文的结论是稳健的。

8.6　结论

　　投资是企业存续和扩张的重要条件，有效的投资可以促进企业的发展。但是过度投资是我国企业面临的重要问题，一直都是人们关注的热点话题。在目前我国公司内部治理机制不健全、投资者法律保护不完善的背景下，媒体监督能否发挥有效的治理作用，减少公司的过度投资呢？鉴于此，本书基于已有的研究文献，以我国2009—2011年上市公司为研究样本，从媒体监督的角度对股权结构与过度投资的关系进行了研究。我们发现，相对于没有媒体监督的公司，有媒体监督的公司的过度投资程度明显较低；媒体负面报道次数越多，公司过度投资程度越低，公司过度投资程度随着媒体负面报道次数的增加而降低；进一步的研究发现不论是在国有上市公司还是家族上市公司，媒体监督都可以减少其过度投资程度，但是媒体监督对国有上市公司的过度投资影响较大；媒体监督与股权分散的公司和控制性股权结构的公司的过度投资程度都呈现出显著的负相关关系，与对多个大股东公司的过度投资关系为负但是不显著，这表明媒体监督对多个大股东公司过度投资的影响较小。在控制性股东股权结构的非国有上市公司里，媒体监督随着终极控股股东持股比例的增加对公司过度投资的影响越来越大。

通过研究结论我们可以看出，媒体已经开始作为公司的重要外部治理机制，在促进公司治理完善方面发挥了重要作用。虽然媒体不能直接参与公司的治理，但是媒体可以对管理者进行有效的监督，通过减少信息不对称、声誉机制和行政机构的介入来规范管理者的行为。本书的研究结论深化了对媒体监督对公司治理作用的认识，丰富了已有的研究文献。针对研究结论，我们提出如下政策性建议：①进一步放松对媒体的管制，为媒体发表言论创造一个宽松的环境，鼓励媒体对公司的行为进行监督，但是也要对其适当地管制，防止媒体为了追求轰动效应而使报道内容失真；②继续深化国有企业改革，加强对国有上市公司管理者的管理，对国有上市公司的管理者实行竞聘制度，增强其竞争意识，同时对国有上市公司控股股东的持股比例适当减少；③加强对多个大股东上市公司的监督与管理，防范大股东通过合谋侵害中小股东的利益，制定出合适的政策，促使大股东之间形成一种监督与制衡的关系。此外，还需要进一步推动我国的法律法规建设，完善我国的法律环境，使其与媒体监督相互促进，共同推动我国经济的发展。

第9章 媒体负面报道、过度自信与过度投资

9.1 引言

自从 Roll（1986）开创性地提出了管理者自以为是假说之后，近几十年来，管理者过度自信及其后果一直是公司治理领域的热点问题（Heaton，2002；Malmendier 和 Tate，2005；姜付秀等，2009）。行为公司金融理论认为，过度自信的管理者，即使对股东是忠诚的，也可能会作出过度投资的非理性决策，从而损害股东的利益。过度投资损害了股东及投资者的利益，不利于公司的长远发展。因此，减少由管理者过度自信导致的过度投资是一个值得深入研究的话题。

解决管理者过度自信导致的过度投资问题的办法是加强外部监督，完善公司内部治理制度。然而目前中国作为一个典型的新兴加转轨的经济国家，公司的内外部治理机制还不完善。因此，必须重视其他替代机制在约束管理者行为中的作用研究。在这些替代机制中，媒体的公司治理作用获得了广泛的重视（Dyck 和 Zingales，2004；Miller，2006；张龙平，吕敏康，2014）。并且，公司治理问题的社会化已经要求公司治理不仅仅局限于公司内部的监督与控制，还要接受社会的监督。作为社会监督的重要组成部分，媒体已经成为影响公司治理的一个重要外部因素（李培功，沈艺峰，2010）。基于此，本书试图回答以下问题：在中国新兴加转轨的经济制度背景下，媒体对公司负面行为的报道（简称媒体负面报道）能否减少由管理者过度自信导致的过度投资行为？过度投资的变化对公司有何实际意义？对以上问题的研究有助于我们更好地理解媒体的公司治理作用，同时有助于完善公司治理水平、保护投资者利益，并且为

其他转型国家提供有益的借鉴。

本书的研究在以下两个方面拓展了相关文献：一是以管理者过度自信为切入点，将媒体负面报道引入研究内容中，深入分析了媒体负面报道、过度自信与过度投资之间的关系，丰富了过度自信与过度投资关系的研究。二是以往的研究都只研究了影响公司过度投资的一些因素，而没有对过度投资的变化对公司发展的实际意义进行研究，本书进一步分析了过度投资的减少对公司业绩的变化以及高管薪酬变化的影响。

9.2 理论分析与研究假设

投资是企业资源配置的一种重要方式，投资决策合理、恰当与否对企业的价值有着重要的影响，有效的投资是企业成长的重要动因和未来现金流增长的重要基础。Modigliani 和 Miller（1958）认为在行为主体是理性的、市场是完备的、信息是完全的以及投资者与管理者利益是一致的等假定下，管理者会通过选择投资净现值大于零的项目从而实现企业价值的最大化。但是在一般条件下，这几个假定条件很难同时得到满足，一旦在公司里存在代理冲突、信息不对称、非理性行为以及其他特定制度环境等因素，公司的管理者就有可能凭借其所持有的自由处置权对净现值为负或者风险过大的项目进行投资，从而产生损害公司价值的过度投资行为。

过度自信是指人们高估自己成功的概率，而低估自己失败的概率的心理偏差（Langer, 1975）。大量的心理学研究结果表明，人们普遍存在着过度自信的心理特征（Weinstein, 1980；Alicke, 1985）。Cooper 等（1988）的研究发现，高管人员通常比普通员工表现出更显著的过度自信。那么为什么管理者容易产生过度自信呢？Paredes（2005）认为 CEO 过度自信是公司治理的产物，其根源在于 CEO 过高的薪酬和对 CEO 过分的服从。针对中国上市公司管理者的实际情况，我们认为管理者过度自信可能有以下几方面的原因：首先是管理者过高的薪酬。不论是在普通的民营企业里面，还是在大型的国有企业里面，管理者的薪酬都是普通员工的几倍甚至是几十倍、几百倍。管理者相对薪酬越高，其重要性和控制力越高，越容易产生过度自信（Hayward 和 Hambrick, 1997）。其次是管理者过高的地位。一些上市公司的管理者或者是公司的创始人，或者是为公司的发展、壮大立下了汗马功劳，这些领导者在公司里面有相当的权威，他们过高的地位以及多年的成功经营容易形成一种过度自信心理。最后，由于受儒家文化君臣之道和领导者权威思想的影响，公司的管理者高高在上，极容易产生过度自信。

大量的研究表明，管理者过度自信会给公司的投资带来重大影响。Nofsinger（2005）指出过度自信导致企业管理者过度投资，并使用过多的债务融资。郝颖等（2005）的研究认为，在中国上市公司特有的股权安排和治理结构下，过度自信的高管在公司投资决策中更有可能产生配置效率低下的过度投资行为。王霞等（2006）通过研究发现过度自信的管理者更倾向于过度投资，当公司融资产生的现金流越多时，过度自信的管理者越有可能过度投资。Ben-David 等（2007）通过对 CEO 的问卷调查研究发现，过度自信的 CEO 更容易投资过度，更愿意举债。Glaser 等（2008）对德国上市公司的分析同样发现高管整体的过度乐观会导致公司投资过多。姜付秀等（2009）通过研究发现，过度自信的管理者和企业的总投资水平与内部扩张之间表现为显著的正相关关系，他们所实施的扩张战略会使企业陷入财务困境的可能性增加。以上证据表明，过度自信的管理者容易高估投资收益，低估投资损失，从而导致公司过度投资。

管理者之所以能够由过度自信导致公司过度投资，其中一个重要因素就是对管理者的监督与约束机制不足。媒体报道可以作为一种有效的监督机制对管理者行为进行监督，我们认为媒体负面报道将会削弱高管过度自信这一公司治理影响的有效性。首先，媒体负面报道会对管理者的声誉造成影响。媒体报道将会引起普通民众的关注，形成对注重声誉的经理人的外部约束（Dyck 和 Zingles，2004）。Dyck 等（2008）认为媒体报道会影响经理人的经理人声誉，同时媒体报道还会影响管理者的社会声誉和公众形象，在媒体报道后管理者会努力维持一个好的经理人声誉和社会形象。在一般情况下，越是过度自信的管理者越注重自己的声誉，管理者的声誉受损无疑会影响其形象以及其管理权威，因此，在媒体报道后，为了恢复声誉、消除不利影响、重新树立管理者权威，过度自信的管理者将会减少一些不合理的投资活动。其次，媒体负面报道会增加公司的融资难度。一方面，媒体负面报道能够增加公司债务融资的难度。余明桂等（2006）发现管理者过度自信与资产负债率显著正相关，与公司的债务期限结构也表现为显著的正相关关系。黄莲琴等（2011）发现过度自信的管理者将实施更为激进的债务融资策略。而媒体负面报道会损害公司的形象，同时也可以使一些金融机构更清楚地了解公司的实际情况，从而会针对公司的情况采取一些措施，如减少贷款额度、拒绝提供贷款、提高贷款利率等，进而增加公司负债融资的难度。另一方面，媒体负面报道会增加公司股权融资的难度。由于股权融资成本较低，王霞等（2008）认为低廉的股权融资成本将可能会激发过度自信的管理者过度投资的冲动。媒体负面报道后，对公司失去信心的中小投资者会选择"用脚投票"，从而导致公司股票价格的快速下跌。而公司的股票价格与公司未来的融资成本息息相关，股票价格越低，公司的股权融资成本越高。过度自信的管理者偏好对自由现金流量的过度投资（Malmendier 和 Tate，2005），当公司的融资难度增加时，由融资产生的公司自由现金流量会减少。相应地，管理者由于过度自信而产生的过度投资也可能会减少。

H1：媒体负面报道能够显著降低过度自信与过度投资之间的正相关关系。

我国上市公司的股权性质不同，其管理者产生的方式和对公司发展的影响也不同，因此，媒体报道对管理者监督与约束的效果也会不同。一方面，在我国的上市公司中，由于国有上市公司的管理者大都是任命产生的，声誉一旦受到损害其政治前途将不可避免地受到影响。当前社会对于国有企业经理人的政治声誉的重视程度明显高于对其经营能力的重视程度（杨亚达，徐虹，2004）。在一般情况下，国有企业的管理者的政治声誉受到了影响就有可能受到行政处罚，但是不会因为其经营不善而受到处罚或者降低待遇。因此，相对于非国有上市公司的管理者，国有上市公司的管理者更加注重自己的声誉。媒体负面报道会使国有上市公司管理者的声誉受损，进而他们的薪酬水平和政治地位还有可能会受到影响，因此，相对于非国有上市公司的管理者，他们更加注重自己的声誉。在媒体负面报道后，为了减少对其声誉的不利影响，过度自信的管理者更有积极的动力通过减少一些不合理的投资活动来恢复声誉、消除不利影响。另一方面，在非国有上市公司中，公司的管理者很多是公司的创始人或者其家属，其在公司里面的地位根深蒂固，媒体负面报道对其过度自信造成的冲击力较小，进而对由过度自信引起的过度投资的影响也较小。根据以上分析，我们提出假设：

H2：媒体负面报道对国有上市公司过度自信与过度投资之间的正相关关系影响较大；对非国有上市公司过度自信与过度投资之间的正相关关系影响较小。

9.3 研究设计

9.3.1 样本选择与数据来源

1. 样本选择

本书选取我国 2010—2012 年所有 A 股上市公司为初始研究样本。为了避免内生性的影响，媒体报道数据选取的是 2009—2011 年的数据，并对初始样本做了如下处理：①剔除了金融行业的上市公司；②剔除了财务数据不全和财务数据缺失的公司；③剔除了 ST 和 PT 公司。最后我们共得到 1 125 个有效研究样本。

2. 数据来源

（1）媒体负面报道数据，主要来源于《中国重要报纸全文数据库》，在查阅上市公司负面新闻报道时我们主要通过标题查询和主题查询两种方式。

（2）终极控制权数据，通过逐一查阅各公司年报手工整理而得，然后根据终极控股股东的性质将研究样本分为国有与非国有两种类型。

（3）法律环境数据，采用樊纲等（2010）编制的《中国市场化指数——各地区市场化相对进程 2009 年报告》的市场化指数来衡量。

（4）过度自信与财务数据，均来自 CCER 数据库和 CSMAR 数据库。

9.3.2 研究模型与变量定义

为了考查媒体负面报道、过度自信和过度投资的关系，我们建立了如下回归模型用来验证假设。

$$Overinvestment = \alpha_0 + \alpha_1 Media + \alpha_2 Confidence + \alpha_3 Media * Confidence +$$
$$\alpha_4 Control + \alpha_5 Size + \alpha_6 Leve + \alpha_7 Growth + \alpha_8 Fcf + \alpha_9 Law + \sum Year + \sum Industry +$$
$$\xi \tag{9-1}$$

模型中的变量定义如下：

被解释变量：$Overinvestment$，代表过度投资。将过度投资定义为实际投资额与预期投资额的差值。借鉴 Richardson（2006）的预期投资模型，过度投资采用模型得出的正残差项表示。

解释变量：$Media$，表示媒体负面报道次数，为了避免内生性的影响，本书采用的是 $t-1$ 期的媒体报道量。$Confidence$，表示管理者过度自信，目前学术界衡量过度自信的方法比较多，但是没有统一的标准。从数据的可获得性以及我国证券市场的特殊情况出发，我们选择高管是否主动增持本公司股票来衡量管理者过度自信，因为只有高管主动而非被动增持了本公司的股票才能认为是高管对公司的股票及发展很有信心。因此，借鉴郝颖等（2005）、周嘉南等（2011）的做法，如果管理者在样本研究期间增持了本公司的股票且增持的原因不是分红或者转增则认为管理者过度自信，此时 *confidence* 取值为1，否则取值为0。

控制变量：参照 Malmendier 和 Tate（2005）、姜付秀等（2009）的做法，我们设置了如下控制变量：终极控股股东持股比例（Con），用终极控股股东直接和间接持股比例之和来表示；公司规模（Size），用总资产的对数表示；资产负债率（Leve），用负债总额与资产总额的比值表示；成长性（Growth），用总资产增长率，即年末总资产与年初总资产的差额与上年初总资产的比值表示；自由现金流（Fcf)，用经营活动产生的现金流量之和与总资产之比表示。同时考虑到公司所处地区的市场化指数不同，媒体负面报道的监督效果也会不同，媒体负面报道、过度自信与过度投资之间的关系可能也会不同，因此我们也加入了法律环境变量（Law)，采用樊纲等（2010）所编制的《中国市场化指数——各地区市场化相对进程 2009 年报告》提供的各省（自治区、直辖市）市场化指数来衡量。此外我们还控制了行业和年份因素。

9.4 实证分析结果

9.4.1 描述性统计分析结果

我们进行的描述性分析结果如表9-1所示：

表 9-1　　　　　　　　　　描述性统计分析

变量	均值	标准差	最小值	中位数	最大值	观测数
A 栏：因变量						
Overinvestment	0.043	0.050	0.000	0.027	0.547	1 125
B 栏：解释变量						
Media	0.296	1.279	0	0	13	1 125
Confidence	0.155	0.361	0	0	1	1 125

表9-1（续）

变量	均值	标准差	最小值	中位数	最大值	观测数
C栏：控制变量						
Con	0.383	0.158	0.010	0.366	0.865	1 125
Size	22.406	1.289	19.078	22.237	28.405	1 125
Leve	0.528	0.174	0.007	0.537	0.946	1 125
Growth	0.199	0.370	−0.447	0.154	10.513	1 125
Fcf	0.061	0.097	0.125	−1.376	0.587	1 125
Law	8.726	2.051	4.25	8.81	11.71	1 125

表9-1列示了所选样本相关变量的描述性统计特征。可以看出，终极控股股东的平均持股比例为38.3%，最高持股比例为86.5%，表明在我国的上市公司中，终极控股股东的持股比例普遍比较高。公司规模、资产负债率、成长性、自由现金流量的最大值与最小值都表现出了较大的差异，表明在不同的公司之间，公司规模、资产负债率、成长性和自由现金流量都表现出了较大的差异。

同时可以发现，2009—2011年，在1 125个过度投资样本观测值中，平均而言一家上市公司一年被媒体负面报道的次数为0.296次，一年内被媒体负面报道最高的达到了13次。这说明媒体已经开始发挥监督作用，对公司的负面行为进行监督。另外，在全部样本中，有15.5%的上市公司的高管主动增持了本公司的股票，即这些公司的管理者表现为过度自信。

9.4.2 回归分析结果

表9-2列示了媒体负面报道、过度自信与过度投资的回归分析结果。第（1）列的实证结果显示，管理者过度自信（Confidence）与过度投资表现为显著的正相关关系，说明管理者越过度自信，越容易出现过度投资，这与Nofsinger（2005）和郝颖等（2005）的研究结论基本一致。第（2）列显示了媒体负面报道、过度自信与过度投资之间的关系，可以看出，媒体负面报道与过度自信的交互项（Media * Confidence）系数显著为负，表明媒体负面报道降低了管理者过度自信与过度投资之间的正相关关系，减少了由管理者过度自信导致的公司投资行为扭曲，完善了公司治理，从而验证了研究假设1。

表 9-2　　　　　　　　　　媒体负面报道、过度自信与过度投资

变量	全样本 (1)	全样本 (2)	国有 (3)	非国有 (4)
Media		-0.004^{***} (-11.39)	-0.003^{***} (-9.24)	-0.004^{***} (-2.67)
Confidence	0.006^{***} (5.14)	0.006^{***} (4.18)	0.009^{***} (5.06)	0.001 (0.15)
Media * Confidence		-0.002^{***} (-2.90)	-0.003^{***} (-2.32)	-0.001 (-0.35)
Con	-0.010^{***} (-2.97)	-0.012^{***} (-3.62)	-0.017^{***} (-3.92)	-0.015 (-0.90)
Size	-0.003^{***} (-6.66)	-0.003^{***} (-6.68)	-0.003^{***} (-5.64)	-0.005^{*} (-1.67)
Leve	-0.000 (-0.02)	-0.001 (-0.30)	-0.005 (-1.25)	0.003 (0.17)
Growth	0.030^{***} (11.23)	0.029^{***} (11.48)	0.019^{***} (5.64)	0.079^{***} (5.45)
Fcf	0.043^{***} (7.30)	0.043^{***} (7.69)	0.048^{***} (6.27)	0.052^{***} (2.49)
Law	-0.001^{***} (-2.99)	-0.001^{***} (-3.13)	0.000 (0.12)	-0.001^{***} (-3.15)
Year	已控制	已控制	已控制	已控制
Industry	已控制	已控制	已控制	已控制
Constant	0.098^{***} (9.67)	0.093^{***} (10.63)	0.088^{***} (8.85)	0.160^{***} (2.59)
N	1 125	1 125	786	339
Adj-R^2	0.083	0.097	0.086	0.182
F 值	4.50^{***}	4.89^{***}	3.46^{***}	3.43^{***}

注：***、**、*分别表示 1%、5%、10%的显著水平，括号内为 T 值。

接着我们进一步将研究样本分为国有与非国有两种类型，检验了媒体负面报道对不同类型上市公司管理者过度自信对过度投资关系的影响。可以看出，在第（3）列国有上市公司样本组里，媒体负面报道与过度自信的交互项（Media * Confidence）系数显著为负，而在第（4）列非国有上市公司样本组

里面，媒体负面报道与过度自信的交互项（Media * Confidence）系数为负，但在统计上不显著。这表明在媒体负面报道后，国有上市公司的管理者减少由过度自信而引起的过度投资较多，非国有上市公司由过度自信引起的过度投资减少得较少，即媒体负面报道对国有上市公司管理者过度自信与过度投资的正相关关系影响较大，对非国有上市公司管理者过度自信与过度投资之间的正相关关系影响较小。以上研究结论支持了假设2。

另一方面，从表2的回归分析结果中可以看出，公司的自由现金流量越多，过度投资越严重。这表明管理者倾向于对自由现金流量的过度投资。公司的成长性越好，过度投资越多，说明处于高速成长期的管理者对公司未来的发展比较乐观，过高地估计了投资所带来的收益。公司规模在一定程度上可以减少过度投资，这可能是由于公司规模越大，公司的管理者在投资时需要考虑的因素越多，投资也就越稳健。其他控制变量如终极控股股东持股比例、资产负债率和法律环境对过度投资的影响不大。

9.5　稳健性检验

为了保证结果的有效性及可靠性，我们采用管理者薪酬的相对比例来衡量管理者过度自信。Hayward 和 Hambrick（1997）经研究发现 CEO 相对于公司其他管理者的薪酬越高，说明 CEO 的地位越重要，越容易产生过度自信。因此，借鉴姜付秀等（2009）的做法，本研究采用薪酬最高的前三名高管薪酬之和与所有高管薪酬之和之比来表示，该值越大，说明管理者越自信。具体的回归结果见表9-3：

表 9-3　　　　　　　　　　　　稳健性检验

变量	全样本 （1）	全样本 （2）	国有 （3）	非国有 （4）
Media		-0.001 (-1.26)	-0.000 (-0.06)	-0.003 (-1.60)
Confidence	0.013^{**} (2.45)	0.023^{***} (4.37)	0.026^{***} (3.50)	0.017^{**} (1.97)
Media * Confidence		-0.007^{***} (-2.66)	-0.010^{***} (-2.58)	-0.001 (-0.36)
Con	-0.016^{***} (-5.05)	-0.014^{***} (-3.92)	-0.017^{***} (-3.72)	-0.019^{**} (-2.53)

表9-3(续)

	全样本	全样本	国有	非国有
Size	−0.002*** (−4.38)	−0.002*** (−4.49)	−0.002*** (−3.40)	−0.005*** (−4.46)
Leve	−0.001 (0.40)	0.001 (0.27)	−0.004 (−0.88)	0.001 (0.17)
Growth	0.030*** (10.49)	0.032*** (10.00)	0.022*** (6.06)	0.074*** (13.65)
Fcf	0.043*** (8.09)	0.046*** (7.91)	0.048*** (5.25)	0.058*** (5.13)
Law	−0.001*** (−2.82)	−0.001** (−2.51)	−0.000 (−0.83)	−0.002*** (−3.66)
Year	已控制	已控制	已控制	已控制
Industry	已控制	已控制	已控制	已控制
Constant	0.077*** (6.50)	0.076*** (6.52)	0.066*** (5.49)	0.140*** (5.86)
N	1 125	1 125	786	339
Adj−R^2	0.083	0.098	0.089	0.183
F 值	4.52***	4.95***	3.56***	3.44***

注：***、**、* 分别表示 1%、5%、10%的显著水平，括号内为 T 值。

从表9-3的回归结果的第（1）列可以看出，管理者过度自信与过度投资显著正相关，表明管理者越自信，越容易导致过度投资，在第（2）列媒体负面报道与过度自信的交互项系数依然与过度投资显著负相关，表明媒体报道显著地降低了过度自信与过度投资之间的正相关关系。在第（3）列国有上市公司样本里，媒体负面报道与过度自信的交互项系数显著为负，表明媒体报道能够减少由过度自信导致的过度投资。在第（4）列非国有上市公司里，媒体负面报道与过度自信的交互项系数为负，但是在统计上不显著，表明媒体报道对过度自信与过度投资正相关关系的影响较小。这与前述研究结论基本一致，表明本研究结论具有较强的稳健性。

9.6 进一步的研究

从以上研究结论可以看出，媒体负面报道能够减少过度投资，并且媒体负面报道能够降低过度自信与过度投资之间的正相关关系。一个显而易见的问题是：过度投资的减少有何实际意义？过度投资的变化是否会影响公司的业绩？同时在我国的上市公司中，高管薪酬乱象频生（杨德明，赵璨，2012），过度投资的变化是否会影响高管薪酬呢？对此，我们进行进一步分析。本研究程序如图 9-1 所示：

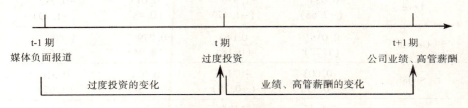

图 9-1 技术路线图

为了更好地验证上述两个问题，过度投资的变化我们用 △Overinvestment 表示，即参照 Richardson 的预期投资模型，用模型 t 期的残差减去 t-1 期的模型的残差，然后乘以-1，得出的值表示第 t 期较第 t-1 期过度投资减少的程度。业绩的变化用 △ROA 表示，即第 t+1 期的 ROA 减去第 t 期的 ROA。薪酬的变化用 △Confidence 表示，即第 t+1 期的前三名高管薪酬之和减去 t 期的前三名高管薪酬之和然后再除以 t 期前三名高管薪酬之和。在进行实证分析时，本书将采用两种方法来检验过度投资的变化对业绩的变化、薪酬的变化的影响。一种方法是采用业绩的变化的程度和薪酬的变化程度来表示，另外一种方法是采用 0、1 变量法，即如果公司业绩、高管薪酬较上个年度增加则取值为 1，不变或者是减少则取值为 0。具体的回归结果见表 9-4：

表 9-4　　　　　　　　　　过度投资的变化与业绩、高管薪酬的变化

变量	业绩的变化		薪酬的变化	
	OLS	Logit	OLS	Logit
	（1）	（2）	（3）	（4）
Overinvestment	0.037**	2.232**	−0.321***	−2.467**
	（2.05）	（2.47）	（−4.97）	（−1.99）
Con	0.014	1.012**	0.194***	1.596***
	（1.61）	（2.24）	（6.04）	（2.70）
Size	0.001	0.030	−0.016***	−0.073
	（0.39）	（0.47）	（−4.01）	（−0.93）
Leve	−0.034***	−1.939***	0.015	−0.982*
	（−2.68）	（−1.47）	（0.48）	（−1.79）
Growth	0.016*	0.063	0.279***	1.806***
	（1.77）	（0.18）	（8.94）	（3.56）
Style	−0.003	−0.115	0.021	0.316
	（−0.77）	（−0.75）	（1.64）	（1.62）
Year	已控制	已控制	已控制	已控制
Industry	已控制	已控制	已控制	已控制
N	1 118	1 118	706	706
Adj-R^2	0.027		0.429	
F 值	2.09***		20.68***	
LR chi2		68.32***		50.42***
Pseudo R^2		0.048		0.059

注：***、**、* 分别表示 1%、5%、10% 的显著水平；OLS 回归方法对应的括号内的数为 T 值；Logistic 回归方法对应的括号内的数据为 Z 值。

从表 9-4 第（1）列与第（2）列的回归结果中可以看到，过度投资的减少与公司业绩的增加显著正相关，表明过度投资的减少促进了公司业绩的增加。第（3）列与第（4）列的结果显示，过度投资的减少与高管薪酬的减少显著正相关，表明媒体负面报道通过减少过度投资，又通过过度投资的变化减少了高管薪酬。这与杨德明和赵璨（2012）的研究结论基本一致，即媒体监督可以抑制高管薪酬乱象，使高管薪酬趋于合理。以上研究结论表明，媒体确实存在着治理效应，减少了过度投资，提高了公司业绩，降低了高管薪酬，促进了公司治理的完善。

9.7　结论

由于管理者普遍存在着过度自信，现有的研究普遍证明了过度自信会导致过度投资。然而媒体负面报道同样会影响到过度投资，并且会影响到过度自信与过度投资之间的关系。以 2010—2012 年上市公司为研究样本，本书实证检验了媒体负面报道对企业投资及过度自信与过度投资关系的影响，并进一步考察了公司过度投资的变化对公司业绩和高管薪酬的影响。研究发现，媒体负面报道可以降低管理者过度自信与过度投资之间的正相关关系，且媒体负面报道这种影响在国有上市公司中表现得较为明显。接着我们采用不同的过度自信衡量指标做了稳健性检验，以上主要结论保持不变。本书还进一步考察了公司的过度投资减少程度对公司下一期业绩增加程度以及高管薪酬减少程度的影响，结果表明，过度投资减少得越多，公司的业绩增加得越多，高管薪酬减少得也越多。

本书从媒体监督的视角，丰富了过度自信与过度投资的文献，深化了对媒体治理作用的理解。根据本书的研究结论可以发现，在我国投资者保护较弱的情况下，媒体报道已经作为一种保护投资者利益的替代机制在发挥作用。但是不可否认，媒体也存在着追求轰动效应的倾向，使报道的内容偏离事实。因此，我们认为：一方面应进一步推进我国市场化建设，为媒体发展创造一个有利的外部竞争环境，鼓励媒体对公司行为进行监督，充分发挥媒体舆论的优势；另一方面应强化媒体的社会责任，加强对媒体的舆论引导。

结　论

　　由于特殊的历史原因，中国股市在成立之初就形成了非流通股和流通股两类股票同股不同价、同股不同权的股权分置现象。随着时间的推移，股权分置带来了一系列的严重后果，特别是随着资本市场的迅速发展、投资主体多元化的逐步形成，股权分置这样的制度安排的弊端和矛盾也逐渐暴露出来，使资本市场的融资功能和优化资源配置功能以及价值发现功能被大大弱化，后来甚至被认为是影响证券市场健康发展一系列问题的根源，到了不得不彻底解决的地步。针对我国资本市场存在的这一难点和热点问题，党中央、国务院于 2004年下发《关于推进资本市场改革开放和稳定发展的若干意见》，要求积极稳妥解决股权分置问题。2005 年 4 月 29 日，中国证监会发出《关于上市公司股权分置改革试点有关问题的通知》，紧接着，沪深证券交易所又发布《上市公司股权分置改革试点业务操作指引》。这标志着对困扰中国资本市场多年的股权分置问题的解决拉开了序幕。

　　目前，股权分置改革从形式上看已经基本完成。但是，股权分置改革过程中的对价支付是否合理，承诺如何严格执行，股权分置改革完成后的公司业绩和公司价值、投资者保护、公司治理状况的改善等诸多问题亟待我们去研究和分析，在这些问题中，国有上市公司在其中的角色和表现尤为引人关注。

　　1. 基本结论

　　我们通过追踪中国上市公司的终极控制股东，分别计算终极控制股东的控制权、现金流量权及其偏离情况，对中国上市公司的控制权配置及其对中小投资者利益的影响相关问题进行了较为深入的实证研究。本书的主要研究结论有以下几个方面：

　　（1）针对中国上市公司股权结构传统分类方法的不足，结合中国证券市场的实际情况，对中国上市公司的股权结构进行了重新分类。将我国上市公司的股权结构分为以下三种：①国家作为终极控制股东，包括终极控制股东为政府部门或机构、政府控股的上市公司、国有独资公司、政府控股的上市公司、事业单位等。并且，基于目前中国国有资产的管理现状，我们将中央人民政府和地方人民政府（以省为单位）分别作为不同的终极控制股东主体来考虑。②家族企业，主要是指存在终极控制人，且终极控制人为自然人的企业。③特殊法人，包括集体企业、乡镇企业、共同创业而没有明确的控制股东的公司。在此分类基础上，对不同终极控制股东控制的上市公司绩效进行了比较分析，发现在 1 313 家样本公司中，终极控制股东拥有的控制权平均为 37.71%，而其投入的现金流平均只有 31.02%，就是说控制股东投入的现金流量显著小于其获得的控制权，有 6.69% 的差异，现金流量权和控制权的比值均值为 0.810。而在政府作为终极控制股东的上市公司，终极控制股东平均控制上市公司 40.51% 的控制权，现金流量权为 35.81%，现金流量权和控制权的偏离度为 0.886。同时，政府作为终极控制股东控制的上市公司为 870 家，占 66.16%，依然是上市公司的主体，但是呈明显的下降趋势。家族类控制的上市公司为 355 家，占 27.64%，有明显的上升趋势。特殊法人控制的上市公司为 88 家，占 6.70%。

（2）从微观公司治理方面探讨公司治理结构与股改对价的关系。实证研究结果表明，公司股权结构与股改对价有显著线性相关关系。上市公司终极控制股东为国有控股时，流通股股东获得的对价较高；终极控制股东为非国有控股时，流通股股东获得的对价较低。研究还发现，第一大股东与第二大股东持股比例的偏离度越大，股改对价越高；不同承诺变量对对价的影响程度不同；终极控制股东不同时，承诺变量的影响作用也不同。企业是否发行 BH 股、董事会规模和外部独立董事人数对对价的影响作用，则未发现明显的相关关系。

（3）通过分析发现，股改后上市公司支付的现金股利与其股改时支付的对价水平呈显著负相关关系。将全部样本企业划分为国有和非国有控股的情况下，研究的结果也表明国有控股企业比非国有控股企业支付的现金股利更多。股权分置改革完成后国有企业对流通股股东利益的重视程度有所提高，其大股东剥夺小股东利益的现象有所缓解，大股东的"隧道效应"行为受到了一定约束。上市公司的资产负债率越高，其支付的现金股利也越高，说明公司发展前景好时利用负债筹资能带来更多杠杆利益，从而为投资者谋取更多的利益，公司价值越大，从而能够支付较多的股利。同时，上市公司终极控制股东的控制权越高，支付的每股现金股利也越高，体现出股权分置改革完成后，上市公司的大股东利益和流通股股东的利益倾向逐渐趋于一致，股改能够在一定程度上降低大股东利用上市公司"圈钱"的可能性。

（4）在股权分置改革完成之后，公司的内部治理得到了一定程度的改善。公司的外部治理机制媒体在完善公司治理、保护投资者利益方面也发挥了一定的作用。通过实证研究发现：媒体监督显著地降低了公司的过度投资；与股权分散和控制性股权结构的公司相比，媒体监督对多个大股东公司过度投资影响较小；在控制性股东股权结构的非国有上市公司里，终极控股股东的持股比例越高，媒体监督对过度投资的影响越大。媒体负面报道削弱了过度自信与过度投资的正相关关系，并且对国有上市公司过度自信与过度投资正相关关系的影响较大；进一步的研究发现，公司过度投资的减少有利于公司业绩的增加和高管薪酬的降低。

2. 论文的创新之处

（1）完善了股权分置改革后的上市公司终极控制权结构图谱，计算了全部上市公司的终极控制权、现金流量权及其偏离程度。

（2）分析了上市公司终极控制股东类型和终极控制股东控制权比例对股权分置改革对价支付的影响。

（3）通过对股权分置改革过程中对价支付数量和类型的分析，研究了股权分置改革的对价支付与终极控制股东类型对股权分置改革后上市公司业绩与股利分配政策的影响。

（4）分析了媒体监督对完善公司治理、保护投资者利益的影响，完善了公司治理机制的研究。

3. 研究的不足之处

（1）目前是股权分置改革的限售期，加上部分上市公司控制股东主动延长限售期，导致上市公司的股份并没有实现真正意义上的全流通，因此，要想对全流通状态的中国上市公司的治理状况等问题进行研究，只有待全部上市公司的限售期结束后才有可能进行。

（2）虽然证监会近几年要求上市公司控制股东要披露十大股东的关联和一致行动人关系，但仍然有部分上市公司未详细公告其终极控制股东的详细股权结构和持股比例，而且上市公司的股权资料中存在许多的投资控股公司，而这些投资控股公司大都非上市公司，故无法追索其真正的控制权与现金流量权，而仅能依据上市公司的公告，作为判断最终控制者身份的标准，导致有关控制股东的控制权与现金流量权的计算可能有疏漏之处，对结果的准确性有一定的影响。同时，相关研究的实证资料主要取自上市公司年报和股权转让公告，如果公告资料有所遗漏、虚报及错误，则会影响研究的结果。

4. 进一步研究方向

（1）深入分析股权分置改革过程中对价支付类型及数量的形成机理，从理论上推演各种类型终极控制权的行为机理和获利模式。

（2）从证券监管当局、上市公司及其控制股东、中小投资者三方面对股权分置改革的成效进行深入的实证研究，进而分析提高上市公司治理水平、促进资本市场逐步完善的对策措施。

5. 政策建议

（1）对股权分置改革后上市公司的控制股东的行为加强监管。股权分置改革后上市公司控制股东与中小股东的利益会逐渐趋同，相互之间的关系应该会有显著的改善，同时，股权分置改革的市场反应总体是正面的，但是也不可能一下就改变中国资本市场所有的弊端，中国资本市场的逐步完善还需要一个相当漫长的过程。无论是在股权分置的状态还是在股权分置改革完成后的状态下，上市公司的控制股东相对于其他中小投资者、债权人等利益相关者而言，总是存在信息不对称的情况，也总是有获取更多利益的冲动。为此，需要不断强化对上市公司控制股东行为的监管，比如，上市公司控制股东为了能够以比较高的市场价格减持股份，就有发布虚假盈利信息、编造虚假公司前景的可能性。类似的问题在股权分置改革完成后股权转让市场上会不断地出现，需要监管当局的强化监督。另外，在股权分置改革完成后，不论是哪一种类型的终极控制股东，其对上市公司的终极控制权比例和现金流量权比例都有显著的下降，更低的现金流量权比例和偏离度意味着控制股东通过非正规方式侵害中小投资者利益的投入也在降低，其侵害行为发生的可能性也会增强，这也是值得关注的问题。

（2）加强对上市公司股改承诺实施情况的监督和违规处罚力度。股权分置改革虽然主要是为了改变股权分置的弊端、完善资本市场，但客观上对上市公司的终极控制股东提高其控制权价值是有很大帮助的。在股权分置改革过程中，上市公司的终极控制股东为了股改的顺利进行，并尽可能少地支付股权分置改革的现金和股份等，减少其利益的对价，不同程度地作出了许多承诺，如向上市公司注资、延长股份限售时间等，这些都是与流通股股东的利益紧密相关的非常重要的承诺，如果不能得到严格的执行，将严重损害流通股股东的利益。因此，监管当局要严格监督上市公司控制股东股改承诺的执行情况。

（3）借助股权分置改革的契机，完善公司治理结构。我国大部分上市公司都选择股本调整对价方式对流通股股东进行"补偿"，以换取上市流通的资格。这种形式使得我国上市公司中"一股独大"的局面得到改善，所以在股权分散化的基础上，由市场来判断上市公司该采取什么样的股权结构才是合理的。其次引导上市公司按现代公司制度的要求规范运作，改变目前国有上市公司剩余索取权大部分归国家所有的现状，将公司剩余索取权明确到具体法人，强化股东对管理层的监督管理程度，并在上市公司内部建立保护投资者的机制，通过产权多元化建立完善的法人治理结构来消除内部人控制问题。最后则是加强信息披露，特别是对上市公司资源及运营状况信息的披露，并转变监管模式，提高监管执行力。

（4）完善股权分置改革后上市公司的股权转让市场，加强上市公司控制股东的诚信建设，强化信息披露的监管。股权分置改革到现在已经初步完成，当限售期结束后，从法律上来讲，上市公司就可以在资本市场上以市场价格进行股权的转让，这类股权转让事件会不断增加，因此，需要监管当局提供配套的支持与服务，也要加强相应的监管，其中一个重要的问题就是上市公司信息披露的不规范问题。信息披露不规范主要体现在上市公司的终极控股股东不能够及时披露涉及上市公司的相关信息、信息披露的量不充分、信息披露不合规则等方面。诚信是市场经济的基础。要使上市公司控股股东在资本市场上诚实守信，首要的任务就是强化公司的信息披露。监管当局要强化控制股东的信息披露责任，避免控制股东及公司相关人员以讲座、交流、接受媒体访谈等方式违规进行信息披露，从而导致公司股票发生异常波动并影响部分投资者、债权人等利益相关者利益的情况。

（5）进一步推进我国市场化建设，放松对媒体的管制，为媒体发表言论创造一个宽松的环境，鼓励媒体积极主动地对公司的行为进行监督，充分发挥媒体舆论的优势。同时媒体报道也存在着追求轰动效应的倾向，也要对其适当地管制，强化媒体的社会责任，加强对媒体的舆论引导，防止媒体为了追求轰动效应而出现报道内容失真。

参考文献

［1］Alicke M. D. Global Self-evaluation as Determined by the Desirability and Controllability of Trait Adjectives ［J］. Journal of Personality and Social Psychology, 1985, 49 （6）: 1621-1630.

［2］Agrawal, A. and C. R. Knoeber. Firm Performance and Mechanisms to Control Agency Problems Between Managers and Shareholders ［J］. Journal of Financial and Quantitative Analysis, 1996 （3）: 377-397.

［3］Attig, Najah. Excess Control and the Risk of Corporate Expropriation: Canadian Evidence ［J］. Canadian Journal of Administrative Sciences, 2007, 24 （2）: 94-106.

［4］Bai, C. E., Liu, Q., Lu, J., Song, F. M., and Zhang, J. X. Corporate Governance and Market Valuations in China ［J］. Journal of Comparative Economics, 2004 （32）: 599-616.

［5］Baker, M. and Wurgler, J. A Catering Theory of Dividends ［J］. Journal of Finance, 2004, 3: 1125-1165.

［6］Baker, M. and Wurgler, J. Appearing and Disappearing Dividends: the Link to Catering Incentives ［J］. Journal of Financial Economics, 2004, 73: 271 -288.

［7］Baumol, W. Business Behavior, Value and Growth ［M］. New York: MacMillan, 1959.

［8］Bebchuk, Lucain; Kraakman, Reinier; Triantis, George. Stock Pyramids, Cross-Ownership, and Dual Class Equity: The Creation and Agency Costs of Separating Control From Cash Flow Rights ［C］. Working Papers. Yale School of Management's Economics Research Network, 1998: 1-34.

［9］Ben-David I., Graham J. R., Harvey C. R. Managerial Overconfidence and

Corporate Policies [C]. Working Paper, 2007.

[10] Bae, Kee-Hong, Jun-Koo Kang and Kim Jin-Mo. Tunneling or Value-Added: Evidence from Mergers by Korean Business Groups [J]. Journal of Finance, 2002, 57 (6): 2695-2740.

[11] Berle, A. and G. Means. The Modern Corporation and Private Property [M]. New York: MacMillan, 1932.

[12] Brown, R., N. Sarma. CEO Overconfidence, CEO Dominance and Corporate Acquisitions [J]. Journal of Economics and Business, 2007, 59 (5): 358 -379.

[13] Chen, Sheng-Syan; Ho, Kim Wai. Corporate Diversification Ownership Structure and Firm Value [J]. International Review of Financial Analysis, 2000 (9): 315-326.

[14] Claessens, S., S. Djankov, J. Fan, and L. H. P. Lang. The Separation of Ownership and Control in East Asian Corporations [J]. Journal of Financial Economics, 2000, 58: 81-112.

[15] Claessens, S., S. Djankov, J. P. H. Fan and L. H. P. Lang. Disentangling the Incentive and Entrenchment Effects of Large Shareholders [J]. Journal of Finance, 2002, 57 (6): 2741-2771.

[16] Cooper A. C., Woo C. Y., Dunkelberg W. C. Entrepreneurs Perceived Chances for Success [J]. Journal of Business Venturing, 1988, 3 (2): 97-108.

[17] De Angelo, Harry and Linda De Angelo. Managerial Ownership of Voting Rights: a Study of Public Corporation with Dual Classes of Common Stock [J]. Journal of Financial Economics, 1985, 14: 33-69.

[18] Demsets, Harold. and K. Lehn. The Structure of Corporate Ownership, Causes and Consequences [J]. Journal of Political Economy, 1985, 93: 1155 -1177.

[19] Denis, Diane K., McConnell, John J. International Corporate Governance [J]. Journal of Financial & Quantitative Analysis, 2003, 38: 1-36.

[20] Doukas, J. A., D. Petmezas. Acquisitions, Overconfident Managers and Self-attribution Bias [J]. European Financial Management, 2007, 13 (3): 531 -577.

[21] Dyck, A. and Zingales, L. The Corporate Governance Role of Media. The Right to Tell: The Role of Mass Media in Development [M]. Washington: The Word

Bank, 2002: 107-140.

[22] Dyck, A., Volchkova, N., Zingales, L. The Corporate Governance Role of the Media: Evidence from Russia [J]. Journal of Finance, 2008, 63 (3): 1093 -1136.

[23] Dyck, A., Morse A. and Zingales, L. Who Blows the Whistle on Corporate Fraud? [J]. Journal of Finance, 2010, 65 (6): 2213-2253.

[24] Fama, E. F. Agency Problems and the Theory of the Firm [J]. Journal of Political Economy, 1980, 88 (2): 288-307.

[25] Fama, E. and M. Jensen. Agency Problem and Residual Claims [J]. Journal of Law and Economics, 1983, 26: 327-249.

[26] Faccio, Mara and Larry Lang. The Ultimate Ownership of Western European Corporations [J]. Journal of Financial Economics, 2002, 65: 365-395.

[27] Fang Huang, Jun Su, and Terence Tai - Leung Chong. Testing for Structural Change in the Nontradable Share Reform of the Chinese Stock Market [J]. Chinese Economy, 2008, 41 (2): 24-33.

[28] Friedman, Eric, Johnson, Simon H. and Mitton, Todd. Propping and Tunneling [J]. NBER Working Paper No. W9949, 2003.

[29] Gelter, Mark. Political Power and Corporate Control: The New Global Politics of Corporate Governance [J]. Independent Review, 2007, 1: 142-146.

[30] Glaser M., Schafers P., Weber M. Managerial Optimism and Corporate Investment: Is the CEO Alone Responsible for the Relation? [C]. MAFA 2008 New Orleans Meetings Paper, 2008.

[31] Gongmeng Chen, Firth, Michael, Yu Xin, Liping Xu. Control Transfers, Privatization, and Corporate Performance: Efficiency Gains in China's Listed Companies [J]. Journal of Financial & Quantitative Analysis, 2008, 43 (1): 161-190.

[32] Gordon, Lilli A., and John Pound. Information, Ownership Structure, and Shareholder Voting: Evidence from Shareholder-sponsored Corporate Governance Proposals [J]. Journal of Finance, 1993, 48: 697-718.

[33] Grossman, Sanford, and Oliver Hart. The Costs and Benefits of Ownership: A Theory of Vertical and Lateral Integration [J]. Journal of Political Economy, 1986, 94: 691-719.

[34] Heaton, J. B. Managerial Optimism and Corporate Finance [J]. Financial Management, 2002, 31 (2): 33-45.

[35] Holderness, Clifford, and Dennis Sheehan. The Role of Majority Shareholders in Publicly Held Corporations: An Exploratory Analysis [J]. Journal of Financial Economics, 1988, 20: 317-346.

[36] Jensen, M. C., and W. H. Meckling. Theory of the Firm: Managerial Behavior, Agency Cost and Ownership Structure [J]. Journal of Financial Economics, 1976, 3: 305-360.

[37] Jensen Michael, and Robert Rubuak. The Market for Corparte Control: The Scientific Evidence [J]. Journal of Financial Economics, 1983, 11: 5-50.

[38] Kireev, A. Raiding and the Market for Corporate Control [J]. Problems of Economic Transition, 2007 (8): 29-45.

[39] Kole, S. Managerial Ownership and Firm Performance: Incentives or Rewards? [J]. Advances in Financial Economic, 1996 (2): 119-49.

[40] Hanson, Robert C. Song, Moon H. Corporate Governance and Asset Sales: The Effect of Internal and External Control Mechanisms [J]. Financial Review, 2006 (3): 361-386.

[41] Hayward, L. A. M., Hambrick D. C. Explaining the Premiums Paid for Large Acquisitions: Evidence of CEO Hubris [J]. Administrative Science Quarterly, 1997, 42 (1): 103-127.

[42] Heaton J. B. Managerial Optimism and Corporate Finance [J]. Financial Management, 2002, 31 (2): 33-45.

[43] Holm, Claus, Laursen, Peter Birkholm. Risk and Control Developments in Corporate Governance: Changing the Role of the External Auditor? [J] Corporate Governance: An International Review, 2007 (2): 322-333.

[44] Holderness C. G. A Survey of Blockholders and Corporate Control [J]. FRBNY Economic Policy Review, 2003: 51-64.

[45] Joe J., Louis H., Robinson D. Managers' and Investors' Responses to Media Exposure of Board Ineffectiveness [J]. Journal of Financial and Quantitative Analysis, 2009, 44 (3): 579-605.

[46] La Porta, Rafael, Florencio Lopez-de-Silanes, Andrei Shleifer, and Robert Vishny. Law and Finance [J]. Journal of Political Economy, 1998, 106: 1113-1155.

[47] La Porta R., Lopez-de-Silanes F., Shleifer A. Corporate Ownership Around the World [J]. Journal of Finance, 1999, 54: 471-517.

[48] La Porta, Rafael, Lopez-de-Silanes, Florencio, Andrei, Shleifer, Vishny. Investor Protection and Corporate Governance [J]. Journal of Financial Economics, 2000: 58, 3-27.

[49] La Porta, Rafael, Lopez-de-Silanes, Florencio, Andrei, Shleifer, Vishny. Investor Protection and Corporate Valuation [J]. Journal of Finance, 2002, 57: 1147-1170.

[50] Langer E. J. The Illusion of Control [J]. Journal of Personality and Social Psychology, 1975, 32 (2): 311-328.

[51] Lee, Chi - Wen Jevons, and Xing Xiao. Tunneling Dividend [C]. Working Paper, 2004.

[52] Lemmon, Michael L., Lins, Karl V. Ownership Structure, Corporate Governance, and Firm Value: Evidence from the East Asia Financial Crisis [J]. Journal of Finance, 2003, 58: 1445-1468.

[53] Laeven L, Levine R. Complex Ownership Structures and Corporate Valuations [J]. Review of Financial Studies, 2008, 21 (2): 579-604.

[54] Lin, Y., S. Hu, M. Chen. Managerial Optimism and Corporate Investment: Some Empirical Evidence from Taiwan [J]. Pacific-Basin Finance Journal, 2005, 13 (5): 523- 546.

[55] Malmendier U., Tate G. CEO Overconfidence and Corporate Investment [J]. Journal of Finance, 2005, 60 (6): 2661-2700.

[56] Martin Holmen and John D. Knopf. Minority Shareholder Protections and the Private Benefits of Control for Swedish Mergers [J]. Journal of Financial and Quantitative Analysis, 2004, 39: 167-191.

[57] Miller, G. S. The Press as a Watchdog for Accounting Fraud [J]. Journal of Accounting Research, 2006, 44 (5): 1001-1003.

[58] Mork R., Shleifer A., Vishny R. W. Management Ownership and Market Valuation: An Empirical Analysis [J]. Journal of Financial Economics, 1988, 20: 293, 315.

[59] Modigliani F., Miller M. The Cost of Capital, Corporation Finance and the Theory of Investment [J]. American Economic Review, 1958, 48 (3): 261-297.

[60] Nenova, Tatiana. The Value of Corporate Voting Rights and Control: A Cross-country Analysis [J]. Journal of Financial Economic, 2003, 68: 325-351.

[61] Nofsinger J. R. Social Mood and Financial economics [J]. Journal of Be-

havioral Finance, 2005, 6 (3): 144-160.

[62] Panayotis Kapopoulos & Sophia Lazaretou. Corporate Ownership Structure and Firm Performance: Evidence from Greek Firms, Corporate Governance, 2007, 15: 144-158.

[63] Paredes T. A. Too Much Pay, Too Much Difference: Is CEO Overconfidence the Product of Corporate Governance? [J]. Florida State University Law Review, 2005, 32 (2): 673- 672.

[64] Pound, J. Proxy Contests and the Efficiency of Shareholder Oversight [J]. Journal of Financial Economics, 1988, 20 (1-2): 237-265.

[65] Renée Adams, Daniel Ferreira. One Share-One Vote: The Empirical Evidence [C]. Working Paper, 2007: 1-62.

[66] Richardson, S. Over-investment of Free Cash Flow [J]. Review of Accounting Studies, 2006, 11 (2-3): 159 -189.

[67] Roll R. The Hubris Hypothesis of Corporate Takeovers [J]. Journal of Business, 1986, 59 (2): 197-216.

[68] Shao-chi Chang, Wann-yih Wu, Ying-jiuan Wong. Family Control and Stock Market Reactions to Announcements of Corporate Venturing [J]. Academy of Management Proceedings, 2008: 1-6.

[69] Shleifer, A., and R. Vishny. Large Shareholders and Corporate Control [J]. Journal of Political Economy, 1986, 94: 461-488.

[70] Shleifer, A., and R. Vishny. A survey of Corporate Governance [J]. Journal of Financ, 1997, 2: 737-783.

[71] Sun, Qian, Tong, Wilson H. S. China Share Issue Privatization: The Extent of Its Success [J]. Journal of Financial Economics, 2003, 70: 183-222.

[72] Van Apeldoorn, Bastiaan, Horn, Laura. The Marketisation of European Corporate Control: A Critical Political Economy Perspective [J]. New Political Economy, 2007 (2): 211-235.

[73] Weinstein N. Unrealistic Optimism About Future Life Events [J]. Journal of Personality and Social Psychology, 1980, 39 (5): 806-820.

[74] Xiaoyue Chen, Jeong-Bon Kim, Steven Shuye Wang, Xiaodong Xu. Firm Performance and the Ownership of the Largest Shareholder [J]. Corporate Ownership & Control, 2007, 4: 126-138.

[75] Xu, Xiaonian, Wang, Yan. Ownership Structure, Corporate Governance,

and Corporate Performance: The Case of Chinese Stock Companies [C]. Working Papers, Yale School of Management's Economics Research Network, 1997: 1-54.

[76] Xu, Xiaonian and Wang Yan. Ownership Structure and Corporate Governance in Chinese Stock Companies [J]. China Economic Review, 1999, 10: 75 -98.

[77] Yoser Gadhoum. Politics and Finance: An Analysis of Ultimate Ownership and Control in Canadian and US Corporations: Part Ⅱ [J]. Problems and Perspectives in Management, 2005, 3: 22-33.

[78] 白重恩, 刘俏, 陆洲, 等. 中国上市公司治理结构的实证研究 [J]. 经济研究, 2005 (2): 81-91.

[79] 蔡宁, 魏明海. "大小非" 减持中的盈余管理 [J]. 审计研究, 2009 (2): 42-51.

[80] 陈昆玉, 王跃堂. 国有控股上市公司控制权转移对经营绩效的影响——来自中国 A 股市场的经验证据 [J]. 经济与管理研究, 2006 (9): 30-36.

[81] 陈明贺. 股权分置改革及股权结构对公司绩效影响的实证研究——基于面板数据的分析 [J]. 南方经济, 2007 (2): 59-68.

[82] 陈小悦, 徐晓东. 股权结构、企业绩效与投资者利益保护 [J]. 经济研究, 2001 (11): 3-11, 94.

[83] 陈晓, 江东. 股权多元化、公司业绩与行业竞争性 [J]. 经济研究, 2000 (8): 28-35, 80.

[84] 陈信元, 陈冬华, 朱凯. 股权结构与公司业绩: 文献回顾与未来研究方向 [J]. 中国会计与财务研究, 2004 (4): 1-24.

[85] 陈信元, 汪辉. 股东制衡与公司价值: 模型及经验证据 [J]. 数量经济技术经济研究, 2004 (11): 102-110.

[86] 陈睿. 股权分置改革的市场效应研究 [J]. 金融研究, 2007 (5): 35-42.

[87] 陈信元, 汪辉. 股东制衡与公司价值: 模型及经验证据 [J]. 数量经济技术经济研究, 2004 (11): 102-110.

[88] 曹廷求, 杨秀丽, 孙宇光. 股权结构与公司绩效: 度量方法和内生性 [J]. 经济研究, 2007 (10): 126-137.

[89] 党红. 关于股改前后现金股利影响因素的实证研究 [J]. 会计研究, 2008 (6): 65-73, 97-98.

[90] 邓建平, 曾勇. 大股东控制和控制权私人利益研究 [J]. 中国软科学, 2004 (10): 53-61.

[91] 邓建，曾勇. 上市公司家族控制与股利决策研究 [J]. 管理世界，2005 (7)：139-147.

[92] 丁守海. 股权改革的三阶段托宾 Q 效应 [J]. 南开经济研究，2006 (5)：74-83.

[93] 丁志国、苏治、杜晓宇. 股权分置改革均衡对价 [J]. 中国工业经济，2006 (2)：115-121.

[94] 董迎. 二市公司治理结构建设亟待有效推进 [J]. 中国工业经济，2000 (11)：37-41

[95] 樊纲，王小鲁，朱恒鹏. 中国市场化指数——各省区市场化相对进程2009 年度报告 [M] 北京：经济科学出版社，2010.

[96] 费方域. 两权分离、代理问题和公司治理 [J]. 上海经济研究，1996 (8)：44-47.

[97] 冯根福. 双重委托代理理论：上市公司治理的另一种分析框架 [J]. 经济研究，2004 (12)：16-25.

[98] 傅勇，谭松寿. 股权分置改革中的机构合谋与内幕交易 [J]. 金融研究，2008 (3)：92-106.

[99] 傅永昌. 中国沪深权证市场实证和应用若干问题研究 [D]. 成都：西南交通大学，2008.

[100] "股权分置改革研究"课题组. 股市公共性、股权分置改革的理论根据 [J]. 中国工业经济，2006 (4)：7-15.

[101] 何浚. 上市公司治理结构的实证分析 [J]. 经济研究，1998 (5)：51-58.

[102] 何丹，朱建军. 股权分置、控制权私人收益与控股股东融资成本 [J]. 会计研究，2006 (5)：52-59，98.

[103] 何诚颖，李翔. 股权分置改革、扩容预期及其市场反应的实证研究 [J]. 金融研究，2007 (4)：16 -174.

[104] 华生. 全流通改革几个要点的理论说明 [EB/OL]. 搜狐财经，2004-05-26.

[105] 华生. 总结试点经验推动股改顺利进行——股权分置改革试点的得失、启示与前景 [N]. 中国证券报，2005-08-25.

[106] 黄娟娟，沈艺峰. 上市公司的股利政策究竟迎合了谁的需要——来自中国上市公司的经验数据 [J]. 会计研究，2007 (8)：36-43.

[107] 黄雷，淳伟德，叶勇. 股权分置改革后的上市公司隐性终极控制权

研究 [J]. 改革与战略，2007 (6)：67-69.

[108] 黄珺，周春娜. 股权结构、管理层行为对环境信息披露影响的实证研究——来自沪市重污染行业的经验证据 [J]. 中国软科学，2012 (1)：133-143.

[109] 郝颖，刘星，林朝南. 我国上市公司高管人员过度自信与投资决策的实证研究 [J]. 中国管理科学，2005, 13 (5)：144-150.

[110] 胡国柳，李伟铭，张长海，等. 股权分置、公司治理与股利分配决策：现金股利还是股票股利？[J]. 财经理论与实践，2011 (1)：37-41.

[111] 黄莲琴，傅元略，屈耀辉. 管理者过度自信、税盾拐点与公司绩效 [J]. 管理科学，2011, 24 (2)：10-19.

[112] 姜付秀，张敏，陆正飞，等. 管理者过度自信、企业扩张与财务困境 [J]. 经济研究，2009, 44 (1)：131-143.

[113] 敬景程. 股权分置问题的制度经济学思考 [J]. 经济评论，2005 (2)：86-92.

[114] 李礼，王曼舒，齐寅峰. 股利政策由谁决定及其选择动因——基于中国非国有上市公司的问卷调查分析 [J]. 金融研究，2006 (1)：74-85.

[115] 李增泉，余谦，王晓坤. 掏空、支持与并购重组——来自我国上市公司的经验证据 [J]. 经济研究，2005 (1)：95-105.

[116] 李冻菊. 股票市场发展与经济增长的关系研究——源自计量经济学的解释 [J]. 金融研究，2006 (9)：78-83.

[117] 李均. 我国上市公司股利分配行为研究 [J]. 当代财经，2003 (12)：122-123.

[118] 李培功，肖珉. CEO 任期与企业资本投资 [J]. 金融研究，2012 (2)：127-141.

[119] 李培功，沈艺峰. 媒体的公司治理作用：中国的经验证据 [J]. 经济研究，2010 (4)：14-27.

[120] 李焰，秦义虎. 媒体监督、声誉机制与独立董事辞职行为 [J]. 财贸经济，2011 (3)：36-41.

[121] 李鑫. 自由现金流、现金股利与中国上市公司过度投资 [J]. 证券市场导报，2007 (10)：55-59.

[122] 李维安，李汉军. 股权结构、高管持股与公司绩效——来自民营上市公司的证据 [J]. 南开管理评论，2006 (5)：4-10.

[123] 李维安，姜涛. 公司治理与企业过度投资行为研究——来自中国上市公司的证据 [J]. 财贸经济，2007 (12)：56-61.

[124] 李胜楠，牛建波. 上市公司负债水平与投资支出关系的实证研究 [J]. 证券市场导报，2005 (3)：44-48.

[125] 廖理，沈红波，郦金梁. 股权分置改革与上市公司治理的实证研究 [J]. 中国工业经济，2008 (5)：101-110.

[126] 廖理，张学勇. 全流通纠正终极控制者利益取向的有效性——来自中国家族上市公司的证据 [J]. 经济研究，2008 (8)：78-90.

[127] 连玉君，程建. 投资现金流敏感性：融资约束还是代理成本？[J]. 财经研究，2007 (2)：37-46.

[128] 刘芍佳，孙霈，刘乃全. 终极产权论、股权结构及公司绩效 [J]. 经济研究，2003 (4)：51-62，93.

[129] 刘煜辉，熊鹏. 股权分置、政府管制和中国IPO抑价 [J]. 经济研究，2005 (5)：85-95.

[130] 刘兴强，段希军. 国有上市公司的上市模式、控制权结构与企业绩效 [J]. 金融研究，2006 (4)：46-54.

[131] 刘玉敏，任广乾. 股权分置改革的效率及其影响因素 [J]. 中国工业经济，2007 (7)：105-112.

[132] 刘星，刘伟. 监督抑或共谋？我国上市公司股权结构与公司价值的关系研究 [J]. 会计研究，2007 (6)：68-75.

[133] 马曙光，黄志忠，薛云奎. 股权分置、资金侵占与上市公司现金股利政策 [J]. 会计研究，2005 (9)：46-52，98.

[134] 孟焰，张秀梅. 上市公司关联方交易盈余管理与关联方利益转移关系研究 [J]. 会计研究，2006 (4)：39-45，96.

[135] 欧阳国欣. 论国有企业治理结构的完善 [J]. 财经科学，2003 (3)：36-38.

[136] 蒲自立，刘芍佳. 公司控制中的董事会领导结构和公司绩效 [J]. 管理世界，2004 (9)：123-128，136.

[137] 屈文洲，许年行，关家雄，等. 市场化、政府干预与股票流动性溢价的分配 [J]. 经济研究，2008 (4)：134-148.

[138] 饶育蕾，徐艳辉. 基于EWA博弈学习模型的股权分置改革对价均衡研究 [J]. 中国管理科学，2008 (1)：172-179.

[139] 饶育蕾，汪玉英. 中国上市公司大股东对投资影响的实证研究 [J]. 南开管理评论，2006 (5)：67-73.

[140] 孙健. 终极控制权与资本结构的选择——来自沪市的经验证据

[J]. 管理科学，2008（2）：18-25.

[141] 孙茂竹，王艳茹，张祥风. 从博弈看上市公司股利政策的决定 [J]. 会计研究，2006（8）：60-66.

[142] 孙永祥，黄祖辉. 上市公司的股权结构与绩效 [J]. 经济研究，1999（12）：24-31＋40.

[143] 苏梅，寇纪淞，陈富赞. 股权分置改革中股东间博弈的实证研究 [J]. 管理科学学报，2006（2）：58-65.

[144] 沈艺峰，许琳，黄娟娟. 我国股权分置中对价水平的"群聚"现象分析 [J]. 经济研究，2006（11）：103-112.

[145] 沈中华，吴孟纹. 银行治理、银行失败与银行绩效：以台湾为例 [J]. 亚太经济管理评论，2002（1）：27-46.

[146] 谭松涛，傅勇. 管理层激励与机构投资者持股偏好 [J]. 中国软科学，2009（7）：114-119.

[147] 唐国正，熊德华，巫和懋. 股权分置改革中的投资者保护与投资者理性 [J]. 金融研究，2005（9）：141-158.

[148] 唐国正. 股权二元结构下的股利政策——一种新的代理成本理论 [J]. 数量经济技术经济研究，2006（5）：94-102.

[149] 唐跃军，谢仍明. 股份流动性——股权制衡机制与现金股利的隧道效应——来自1999—2003年中国上市公司的证据 [J]. 中国工业经济，2006（2）：122-130.

[150] 唐雪松，周晓苏，马如静. 上市公司过度投资行为及其制约机制的实证研究 [J]. 会计研究，2007（7）：44-52.

[151] 王旻，扬朝军，廖士光. 中国股票市场流通性价值研究——给予非流通股协议转让与限售股转让的证据 [J]. 财经研究，2008（3）：82-95.

[152] 文宗瑜. 建立上市公司治理结构的权力制衡机制 [J]. 国有资产管理，2002（9）.

[153] 王霞，张敏，于富生. 管理者过度自信与企业投资行为异化——来自我国证券市场的经验证据 [J]. 南开管理评论，2008，11（2）：77-83.

[154] 吴超鹏，郑方镳，林周勇，等. 对价支付影响因素的理论和实证分析 [J]. 经济研究，2006（8）：16-25.

[155] 吴广灼. 中国股权分置制度研究 [D]. 武汉：武汉大学，2007.

[156] 吴江，阮彤. 股权分置结构与中国上市公司融资行为 [J]. 金融研究，2004（6）：60-71.

[157] 吴寿康. 上市公司股权结构对企业价值的影响分析 [J]. 证券市场导报, 2007（4）：58-63.

[158] 吴晓求. 股权分置改革的若干理论问题——兼论全流通条件下中国资本市场的若干新变化 [J]. 财贸经济, 2006（2）：26-33, 98.

[159] 吴超鹏, 吴世农, 程静雅, 等. 风险投资对上市公司投融资行为影响的实证研究 [J]. 经济研究, 2012（1）：105-119.

[160] 夏立军, 方轶强. 政府控制、治理环境与公司价值——来自中国证券市场的经验证据 [J]. 经济研究, 2005（5）：40-51.

[161] 谢军. 股利政策、第一大股东和公司成长性：自由现金流理论还是掏空理论 [J]. 会计研究, 2006（4）：51-57.

[162] 徐莉萍, 辛宇, 陈工孟. 股权集中度和股权制衡及其对公司经营绩效的影响 [J]. 经济研究, 2006（1）：92-102.

[163] 徐国祥, 苏月中. 中国股市现金股利悖论研究 [J]. 财经研究, 2005（6）：132-144.

[164] 辛宇, 徐莉萍. 投资者保护视角下治理环境与股改对价之间的关系研究 [J]. 经济研究, 2007（9）：122-134.

[165] 邢建国. 治理伦理与公司治理：二维治理结构的建立 [J]. 中国工业经济, 2005（10）：60-67.

[166] 许年行, 吴世农. 我国上市公司股权分置改革中的锚定效应研究 [J]. 经济研究, 2007（1）：115-126.

[167] 徐玉德, 周玮. 不同资本结构与所有权安排下的投资效率测度 [J]. 中国工业经济, 2009（11）：131-140.

[168] 阎达五, 谭劲松. 我国上市公司独立董事制度：缺陷与改进——一个基于制度分析的研究框架 [J]. 会计研究, 2003（11）：5-11, 67.

[169] 阎大颖. 中国上市公司控股股东价值取向对股利政策影响的实证研究 [J]. 南开经济研究, 2004（6）：94-105.

[170] 杨善林, 杨模荣, 姚禄仕. 股权分置改革与股票市场价值相关性研究 [J]. 会计研究, 2006（12）：43-48, 97.

[171] 杨丹, 魏韫新, 叶建明. 股权分置对中国资本市场实证研究的影响及模型修正 [J]. 经济研究, 2008（3）：75-88.

[172] 杨兴全, 张照南, 吴昊昊. 治理环境、超额持有现金与过度投资 [J]. 南开管理评论, 2010（5）：61-69.

[173] 姚颐, 刘志远, 王健. 股权分置改革、机构投资者与投资者保护

[J]. 金融研究, 2007 (11): 50-61.

[174] 杨德明, 赵璨. 媒体监督、媒体治理与高管薪酬 [J]. 经济研究, 2012, 47 (6): 116-126.

[175] 杨德明, 令媛媛. 媒体为什么报道上市公司丑闻? [J]. 证券市场导报, 2010 (10): 17-23.

[176] 晏艳阳, 赵大玮. 我国股权分置改革中内幕交易的实证研究 [J]. 金融研究, 2006 (4): 105-112.

[177] 俞红海, 徐龙炳, 陈百助. 终极控制股东控制权与自由现金流过度投资 [J]. 经济研究, 2010 (8): 103-114.

[178] 余明桂, 夏新平, 邹振松. 管理者过度自信与企业激进负债行为 [J]. 管理世界, 2006 (8): 104-112.

[179] 原红旗. 中国上市公司股利政策分析 [M]. 北京: 中国财政经济出版社, 2004: 115-121.

[180] 叶祥松. 上市公司国有资本股权结构和主体问题 [J]. 经济管理, 2001 (1): 65-66.

[181] 叶勇, 胡培, 黄登仕. 中国上市公司终极控制权、现金流量权及其国际比较分析 [J]. 南开管理评论, 2005 (3): 25-31.

[182] 叶勇, 刘波, 黄雷. 终极控制权、现金流量权与企业价值——基于隐性终极控制论的中国上市公司治理实证研究 [J]. 管理科学学报, 2007 (2): 70-83.

[183] 叶勇, 李明, 黄雷. 法律环境、媒体监督与代理成本 [J]. 证券市场导报, 2013 (9): 47-53.

[184] 禹来. 国有企业外部人控制问题 [J]. 管理世界, 2002 (2): 96-103, 155.

[185] 张千帆, 贺富强, 张子刚, 等. 小股东"搭便车"与利益受损分析 [J]. 武汉理工大学学报, 2001 (4): 84-87.

[186] 张建民, 宁代兵, 曹孟鸣. 完善股权分置改革方案的方法论思考 [J]. 经济学动态, 2005 (7).

[187] 张建民. 后股权分置时代中国股市与上市公司治理的问题与对策——对股权分置改革实践的反思 [J]. 经济学动态, 2006 (6).

[188] 张俊喜, 王晓坤, 夏乐. 实证研究股权分置改革中的政策与策略 [J]. 金融研究, 2006 (8): 4-22.

[189] 张祥建, 郭岚. 资产注入、大股东寻租行为与资本配置效率 [J].

金融研究, 2008 (2): 102-116.

[190] 章卫东. 定向增发新股、整体上市与股票价格短期市场表现的实证研究 [J]. 会计研究, 2007 (12): 65-70, 99.

[191] 张宗新. 内幕交易行为预测: 理论模型与实证分析 [J]. 管理世界, 2008 (4): 31-42.

[192] 张龙平, 吕敏康. 媒体意见对审计判断的作用机制及影响——基于新闻传播学理论的解释 [J]. 审计研究, 2014 (1): 53-61.

[193] 赵俊强, 廖士光, 李湛. 中国上市公司股权分置改革中的利益分配研究 [J]. 经济研究, 2006 (11): 113-123.

[194] 赵昌文, 蒲自立, 杨安华. 中国上市公司控制权私有收益的度量及影响因素 [J]. 中国工业经济, 2004 (6): 97-103.

[195] 赵景文, 于增彪. 股权制衡与公司经营业绩 [J]. 会计研究, 2005 (12): 59-64.

[196] 郑振龙, 王保合. 股权分置改革的期权分析 [J]. 金融研究, 2006 (12): 119-128.

[197] 郑志刚, 孙艳梅, 姜德增. 股权分置改革对价确定与我国上市公司治理机制有效性的检验 [J]. 经济研究, 2007 (7): 97-110.

[198] 郑春美, 白宏磊, 熊丹. 股权分置改革与公司绩效研究, [J]. 武汉理工大学学报, 2007 (11): 150-153.

[199] 周亮. 公司治理理论的发展与创新 [N]. 中国城乡金融报: "公司治理精要谈" 专版之一, 2009-04-15.

[200] 周嘉南, 张希, 黄登仕. 过度自信、风险厌恶与我国上市公司经理薪酬激励 [J]. 财经理论与实践, 2011, 32 (6): 81-86.

[201] 周伟贤. 投资过度还是投资不足——基于 A 股上市公司的经验证据 [J]. 中国工业经济, 2010 (9): 151-160.

[202] 朱羿锟. 公司控制权配置论: 制度与效率分析 [M]. 北京: 经济管理出版社, 2001.

[203] 朱武祥, 宋勇. 股权结构与企业价值: 对家电上市公司实证分析 [J]. 经济研究, 2001 (12): 66-72, 92.

[204] 朱小平, 暴冰, 杨妍. 股权分置改革与流动性定价问题研究 [J]. 会计研究, 2006 (2): 89-94, 99.

[205] 朱云, 吴文锋, 吴冲锋. 国际视角下的中国股利支付率和收益率分析 [J]. 中国软科学, 2004 (11): 69-74.